Ronda del Guinardó

PALABRA EN EL TIEMPO

288

Colección dirigida por

ANTONIO VILANOVA

JUAN MARSÉ

RONDA DEL GUINARDÓ

Editorial Lumen

Publicado por Editorial Lumen, S.A.,
Ramon Miquel i Planas, 10 - 08034 Barcelona.
Reservados los derechos de edición
en lengua castellana para todo el mundo.

© 1984, Juan Marsé

Depósito Legal: B. 31.818-2000
ISBN: 84-264-1288-2

Impreso en Liberduplex, S.A.,
Constitución, 19, 08014 - Barcelona.

Printed in Spain

Para Berta y Sacha,
jugando en otras calles.

Érase una vez una coincidencia que había salido de paseo en compañía de un pequeño accidente; mientras paseaban, encontraron una explicación tan vieja, tan vieja, que estaba toda encorvada y arrugada y parecía más bien una adivinanza.

LEWIS CARROLL
Silvia y Bruno

1

El inspector tropezó consigo mismo en el umbral del sueño y se dijo adiós, pedazo de animal, vete al infierno. Desde el bordillo de la acera, antes de cruzar la calle, miró por última vez la desflecada palma amarilla y la ramita de laurel sujetas a los hierros oxidados del balcón, pudriéndose día tras día amarradas a los sueños de indulgencia y remisión que anidaban todavía en el interior del Hogar. Siempre sospechó que el infierno empezaba aquí, tras los humildes emblemas pascuales uncidos a esa herrumbre familiar.

Este escarpado y promiscuo escenario de La Salud nunca había sido para él un simple marco de sus funciones de policía, sino el motor mismo de tales funciones. Habían pasado tres años desde su traslado y otras competencias lo alejaron del barrio, pero nunca logró desconectar su imaginación sensorial y su belicoso olfato de estas calles enrevesadas y de su vecindario melindroso, versado en la ocultación y la maulería. En el recuerdo enquistado de rutinarias inspecciones y registros domiciliarios persistía un cálido aroma a ropa planchada y almidonada, a festividad clandestina y vernácula, ilegal y catalanufa.

Conminado desde hacía rato por un peso en el corazón, el inspector abrió los ojos sentado en el recibidor celeste tachonado de estrellas de púrpura, ciertamente nada apropiado como antesala del infierno. Sintió en el vientre la culebra de frío enroscándose y miró el revólver en su mano como si descifrara un sueño. Habría jurado que le quitó el seguro. El frío de la culata no lo sentía en la palma, sino en el corazón, y, por un instante, el ansiado fervor de la pólvora le nubló la mente. Volvió a su boca el sabor mansurrón a eucalipto del caramelo olvidado entre el paladar y la lengua, menguado ya su tamaño hasta el sarcasmo: más o menos del calibre 9 milímetros, calculó taciturno. Deslizó el arma en la funda sobaquera y se levantó de la silla empapado en sudor.

Llevaba una eternidad esperando bajo aquel cielo de Belén pintado por las huérfanas en las últimas Navidades. La niña descalza que abrió la puerta y lo saludó con voz de trompetilla había desembarazado la silla de madejas de lana para que él se sentara y lo había espiado maliciosamente en el espejo del perchero mientras simulaba enderezar los toscos uniformes mal colgados, con sus cuellos y puños todavía calientes de almidón; luego, obsequiándole con una tos perruna tan seca y espantosa que parecía falsa, de rechifla, había echado a correr por el pasillo hacia el estallido de sol y de risas en la galería. El inspector se adormiló concienzudamente en la penumbra azul. Pudo distinguir más tarde, entre el parloteo de las huérfanas y el rumor de colchones sacudidos, la vocecita resabiada de la niña:

«Es él, señora directora. Está sentado en el recibidor y parece un sapo dormido. Habla en sueños y dice palabrotas y tiene la cara verde como el veneno.» Nuevo alboroto en la cuadrilla de la limpieza y casi en el acto el graznido autoritario de la directora imponiendo silencio: «Te he dicho mil veces que no friegues descalza, Puri. Qué querrá ahora este pelma desgraciado...».

El inspector recibió el doble insulto de su cuñada con un bostezo. Presentía la espiral del escalofrío en la ingle y evitó su propia imagen en el espejo contemplando a la Virgen de Fátima que presidía la salita-paraíso desde su hornacina en el rincón, entre dos vasos con rosas y velitas chisporroteantes.

Puri volvió acarreando un cubo de agua.

–Dice la directora que bueno. Que pase.

En la galería trabajaban las huérfanas con pañuelos liados a la cabeza, chismorreando nimbadas de luz, muertas de la risa. Algunas, sentadas de cara a las rotas vidrieras, el cojín cilíndrico entre los muslos, hacían encaje de bolillos. Vieron al inspector parado de perfil en mitad del pasillo, mirándolas por encima del hombro. «¡Buenas tardes, señor inspector!», entonaron a coro. Inmóvil, la mano en el costado flatulento, él calibró un instante su risueño descaro, el pubertinaje de sus voces melifluas. No vio a Pilarín, o no supo verla. Luego entró en el comedor.

La directora se afanaba en torno a la larga mesa y las sillas de enea desencoladas, sacudiéndolas con una gamuza.

–Aún no te han jubilado y ya empiezas a no saber adónde ir –dijo sin volverse–. ¿Qué quieres?

–¿Mi mujer no ha venido?

–Fue a un recado. –Acentuando el tono de reproche, su cuñada añadió–: Y no pienso discutir, si vienes a eso. Pili se queda aquí. No volverás a ponerle la mano encima.

–Merche la convencerá para que vuelva a casa.

–Tu mujer no hará eso.

–Si yo se lo mando, lo hará.

–Tú has dejado de mandar, al menos en tu casa.

Flaca y apergaminada, sobre la negra blusa camisera lucía el cordón morado de alguna promesa. Que nunca jamás las huérfanas vuelvan a pasar hambre y frío como en el último invierno, pensó el inspector, que nunca jamás ninguna de ellas tenga que sufrir una vejación tan horrible como la de Rosita o una paliza como la de Pili…

–Traigo tebeos –dijo el inspector–. ¿Ya habéis comido?

–Si quieres que te diga la verdad, no estoy muy segura. Pero tebeos no, a eso no hemos llegado, todavía.

–Siempre te estás quejando, puñeta.

–Bueno, ¿a qué has venido?

Seguía sacudiendo sillas y arrimándolas a la mesa. El

inspector no decía nada y ella lo miró de refilón. Constató la dejadez de su persona, el cuello sobado de la camisa, la raída americana de desfondados bolsillos; sobre todo, las mejillas mal rasuradas y con arañazos. Pensó en su descalabrado estómago y en sus insomnios y dijo:

–Tienes mala cara.

–Nunca me sentí mejor.

–Mi hermana ya no sabe qué hacer contigo.

–No me extraña –gruñó el inspector–. Pasa más tiempo aquí que en casa.

Inició un bostezo lento y falaz, supuestamente saludable, pero de pronto imaginó el desgarro en la boca causado por la bala y el agobio de la sangre, y volvió la cara. Desde hacía seis meses dormía poco y malamente, revolcándose en un pedregal y chafándose los brazos roídos por una carcoma, pesados como leños. Anoche llegaron a torturarle tanto, que en sueños deseó cortárselos con un hacha; esta mañana al afeitarse aún no le obedecían del todo, como si fuesen los brazos de otro. Sin embargo, por muy jodido que estuviera, con resaca, la tensión alta y la moral en los talones, frente a este cardo borriquero vestida de exvoto se sentía fresco como una rosa.

El inspector sacó del bolsillo la bolsa de caramelos, algunos tebeos y cancioneros enrollados. La bolsa cerraba con un lacito rojo que su cuñada, de un rápido vistazo, reconoció de la pastelería Montserrat, en la vecina calle Asturias. Las

15

huérfanas aprovechaban estas cintas para sujetarse las trenzas y adornar las palmas del balcón. Cuidadosamente, el inspector dejó los regalos sobre la mesa.

–No he venido para hablar de esa mosquita muerta –comenzó a decir, y se paró a pensarlo–. Ya me ocuparé de ella en otro momento…

–Déjame decirte una cosa –lo interrumpió su cuñada–. La niña no necesita que te ocupes de ella para nada. ¿Estamos?

La directora rodeó la mesa y al pasar junto a él captó el tufo a cuero sudado de su sobaco izquierdo. Sus nervios dieron un respingo y vio otra vez a Pilarín cubriéndose la cabeza con los brazos y al inspector abofeteándola en mangas de camisa, luciendo sus negros correajes, furioso y encorsetado como una bestia ortopédica. Apartó los caramelos y los tebeos y pasó la gamuza antes de poner el tapete blanco y encima el jarrón. Luego se dirigió al aparador.

–En casa nunca se la trató como una criada –dijo el inspector–, sino como una hija. Ése fue el error.

–Está bien. ¿Algo más?

–Error tuyo y de Merche.

–No me levantes la voz. No estás en la comisaría.

Era un martes por la tarde y hacía un calor sofocante. Ella temía que su cuñado se quitara la americana mostrando aquella horrible funda sobaquera, como solía hacer dos veranos antes, cuando venía con Merche y traían ropa usada para las huérfanas y algún bote de confitura... Pero entonces era otro hombre.

–Tu mujer ha ido por unos patrones –dijo–. Está enseñando a hacer encaje a las niñas.

El inspector permanecía quieto junto a la mesa, mirando el jarrón. Adivinó la mano de su mujer en la disposición de los lirios y en el diseño del tapete. Recordó que al mes de casado, el piso ya estaba lleno de tapetitos como éste; incluso le hizo uno, diminuto, para el palillero de su mesita de noche. Nunca pudo leer el diario en la cama sin hurgarse los dientes. Y siempre por toda la casa aquel alegre gorjeo de los bolillos, como si vivieran en una pajarería...

Finalmente el inspector dijo:

–Vengo por Rosita. Han cogido al hombre que la violó.

Por segunda vez en menos de una hora sintió el dedo helado hurgando en su ingle y, casi en el acto, el testículo engullido velozmente por algún intestino, subiendo tripas arriba hasta alcanzar una altura que parecía superior a la de otras veces.

Su cuñada se había vuelto y lo miraba asustada.

–¿Estás seguro? ¿De verdad es él?

–Yo no he llevado el asunto. Pero seguro.

Ella no le quitaba ojo. Observó el furor dormido de sus pómulos altos, sembrados de negras espinillas.

–¿Y qué quieres de Rosita? No veo la necesidad de decírselo.

–Tú nunca ves nada –gruñó el inspector volviéndole la espalda–. La niña tiene que identificarlo. Vengo para llevarla al Clínico.

–¿Al Clínico?

–Está muerto.

El inspector se paseaba como si tuviera los tobillos atados. Si camino un poco, bajará, pensó sin desanimarse, y empuñó los tebeos enrollados y se daba golpecitos en el costado. Explicó que esta madrugada lo habían encontrado tirado en un callejón del Guinardó, con el cuello roto y apestando a vino; un perdulario, un muerto de hambre. En Jefatura creían que podía ser el mismo degenerado que ultrajó a Rosita.

–Es un momento –añadió–. Yo estaré a su lado.

–Pero qué más da, si está muerto. Dios le haya perdonado. Sea o no sea, qué puede importarle a la criatura.

El inspector se abanicó enérgicamente con los tebeos.

–Pero el asunto ha de quedar resuelto y archivado –dijo.

Su cuñada refunfuñó y fue a sentarse en la silla junto a una gran caja de cartón llena de ropa aparentemente inservible, un revoltijo de cuellos y puños de camisa. El inspector siempre se había admirado de los milagros que hacía esta bruja solterona para alimentar y vestir a las huérfanas. La vio escoger algunas piezas y examinarlas detenidamente, amohinada, forzando la vista.

–Podrías ahorrarle un espectáculo tan desagradable, vaya –murmuró.

El inspector esperó callado, abanicándose, la otra mano en el derrengado bolsillo de la americana, el testículo todavía encaramado melancólicamente en algún altísimo recodo de las tripas. ¿Y si ya no bajara nunca?, se le ocurrió. Lo encontrarían allí arriba al practicarle la autopsia... Una dolencia de nombre extraño, según le dijo en cierta ocasión un sanitario del Cuerpo, con guasa: «Suele darse en los niños de pecho».

–Pues no me gusta que vaya, no señor –decía la directora–. ¿Por qué crees que la mandé con las monjas después de aquello? Le ha costado mucho recuperarse, más de un año. Es una crueldad que vea a este hombre y tú deberías impedirlo.

–Yo no sé nada –gruñó el inspector–. Yo la orden que tengo es de llevarla al depósito del Clínico.

Volvió a dejar los tebeos sobre la mesa. El sudor había chupado la tinta y tenía los dedos tiznados. Arrugando la nariz explicó que, en estos casos, al muerto lo suelen «arreglar» antes de proceder a su identificación, de modo que estuviera presentable, precisando: «Lo lavan con jabón y una esponja.» No quiso ahorrarle a su cuñada ningún detalle: Rosita lo vería limpio de sangre, mugre y piojos, e incluso peinado y afeitado.

–No somos tan bestias.

–Es tu trabajo y te gusta, y allá tú –dijo ella–. Nunca has servido para otra cosa, y ya eres viejo. Pero Rosita es todavía una niña. ¿Y si no quiere ir? No creas que se la maneja así como así.

–Que venga. Hablaré con ella.

–No está.

Rosita tenía mucho trabajo, compromisos que no podía eludir. «Aquí no vivimos del aire, señor mío», entonó mientras descosía el cuello de una camisa. Su ojo rapiñoso y acusador fulminó los hombros de su cuñado sucios de caspa. De las niñas que trabajaban fuera de la Casa, prosiguió, Rosita era la más activa y eficiente y su aportación a la economía doméstica resultaba decisiva a final de mes. Justamente los martes por la tarde apenas disponía de tiempo, a veces no volvía de hacer faenas hasta las diez de la noche.

–Lo tendré en cuenta –dijo el inspector–. ¿Dónde está ahora?

Había ido a la parroquia con Juana y Carmen a entregar la mantelería lavada y planchada y de paso a rezarle a la Virgen: «Si frecuentaras más la iglesia sabrías que estamos en el mes de María». El inspector se disponía a irse y ella se levantó cogiéndole de la manga.

–Espera –dijo, y lo miró compungida–. No la dejes sola en el depósito. Y luego me la traes aquí…

–Luego no sé qué haré, maldita sea.

–Calla, no empieces a despotricar. Mira cómo vas.

Su mano reseca y enérgica había empezado a sacudir las solapas y ahora forcejeaba con el botón flojo y el ojal desbo-

20

cado de la americana. Luego lo examinó con cierta condescendencia.

Era un hombre corpulento y de caderas fofas, sanguíneo, cargado de hombros y con la cabeza vencida levemente hacia atrás en un gesto de dolorido desdén, como si lo aquejara una torcedura en el cogote o una flojera.

–No tienes arreglo ni quieres tenerlo, eso es lo que te pasa –dijo su cuñada viéndole ir hacia la puerta–. Le diré a Merche que has venido.

El inspector se volvió e intentó sonreír: «Mejor dile que me he muerto». Entonces le vino otra vez a la boca el sabor de la sangre y reprimió el deseo de escupir. Se fue carraspeando por el pasillo.

2

El inspector remontó la calle por la acera sombreada y en Providencia giró a la derecha. Un enjambre de chiquillos alineaba chapas de botellines de vermut en los rieles ardientes del tranvía; el sol pegaba tan fuerte que allí se podía freír un huevo. En la puerta de los colmados se escalonaban las cajas de frutas y verduras, invadiendo la acera. Odiaba este barrio de sombrías tabernas y claras droguerías, de zapateros remendones agazapados en oscuros zaguanes y porterías y de pequeños talleres ronroneando en sótanos, soltando a todas horas su cantinela de fresadoras y sierras mecánicas.

Al cruzar la calle sintió descender sibilinamente el testículo hasta acomodarse en la bolsa escrotal. Frente a la fábrica de chocolates vio un coche celular con la puerta trasera abierta y a dos números dando suaves empellones a un anciano iracundo. En la plaza del Norte, pesados aviones de papel de periódico planeaban en medio de una polvareda roja y una vecina gorda y pimpante se apoyaba en la esquina con su bata floreada, rulos en el pelo y una sucia venda elástica en el tobillo. «Tengo barras», susurraba a los que pasaban cerca. Entre sus pechos aupados asomaba la punta dorada de una barra de pan. Parecía una vulgar ama de casa que ha bajado a la esquina soleada a secarse los cabellos y a chafardear un rato, pero sus alertados ojos amarillos giraban fieramente en busca de clientes.

El inspector había bregado contra esa clandestina fiereza del barrio hasta ahogarse en ella. Se dijo una vez más que ya nada le incumbía, que ya no vivía aquí y no valía la pena pararse a distinguir entre una estraperlista y una furcia de tres al cuarto; probablemente era ambas cosas a la vez.

Y sin embargo, al pasar junto a ella, un oscuro mandato de la sangre lo paró en seco, le hizo volverse y chasquear la lengua como un látigo:

–Tú, largo de aquí –dijo entre dientes–. Fuera, puta.

La mujer arropó el pan entre las solapas y se escabulló arrimada a la pared, metiéndose en un portal. El inspector siguió su camino por aceras solitarias y destripadas, pisando las crestas de hierba enfermiza que rebrotaba en las grietas.

La vio salir de Las Ánimas con dos compañeras de su misma edad. Lucían polvo de reclinatorio en las rodillas y vestían igual, torcidas faldas estampadas y deslucidos pullovers a rayas, de escote en pico y puños raídos. Se despidieron en la puerta y Rosita caminó calle arriba sin prisas, el capacho de palma colgado al hombro, doblando con aire pensativo la mantilla blanca y pequeña como un pañuelo.

Apenas había crecido en dos años, pero sus andares perezosos ya no eran de niña, constató el inspector, o tal vez sólo era un engañoso efecto de las corvas maduras y altas. Los calcetines cortos y desbocados bailaban en torno al tobillo moreno y esbelto. Llevaba sandalias de goma color ceniza idénticas a las que extravió una noche borrascosa en un descampado de la calle Cerdeña, cuando la revolcaron junto a la fogata; él mismo las encontró tiradas entre la hierba y se las calzó en el taxi, mientras corrían hacia el hospital.

Al oír su nombre, la niña se volvió.

–Hola –dijo el inspector–. ¿No te acuerdas de mí?

Rosita lo miró ladeando la cabeza, la mano dentro del capacho.

–¡Anda! Si es usted.

El inspector observó en sus párpados ralos antiguas señales de orzuelos. Dentro del capacho en banderola entrechocaron latas vacías.

–Vengo de la Casa –comenzó el inspector, y se interrumpió–. He ido poco, últimamente, y tú nunca estás…

–Desde que salí de las monjas trabajo fuera.

–¿Cuándo has vuelto?

–Huy, hace casi un año.

Pero no se veían desde mucho antes; desde aquel día que él la interrogó en el hospital de San Pablo, sentado en la cama, después que la doctora y una enfermera la examinaran de abajo dejándola muerta de vergüenza: recordaba haber llorado, pero no fue por eso.

—Fue por su culpa, ¿sabe? —dijo mirándose las sandalias con fijeza—. Vino usted con aquellas preguntas asquerosas y me hizo llorar.

Siguió caminando calle arriba y el inspector iba a su lado con las manos a la espalda.

—No era mi intención. Tenía que hacer el informe. ¿Comprendes?

—Ya.

—¿Te acuerdas de aquel hombre? —Ella no contestó y el inspector optó por dar un rodeo—. ¿Cuántos años tienes ahora?

—Trece y medio, casi catorce... Pero ¿a que parezco mayor?

—Aquel hombre —dijo él calmosamente— ya no volverá a hacer mal a nadie. Te gustará saber que lo han cogido.

—¿De verdad? —Rosita se paró unos segundos y luego siguió andando, los ojos en el suelo. Parecía confusa—. ¿Quién es?

El inspector se encogió de hombros:

—Nadie, un vagabundo.

—¿Y qué ha dicho? ¿Qué les ha contado?

—No ha dicho nada. Está muerto.

Expuso lo que quería y la niña arrugó la nariz. Tenía una marca de carmín en el cuello, pero ni rastro en los gruesos labios cárdenos, ensombrecidos por el bozo.

—No quiero verle —dijo—. Muerto, no. ¡Jesús, a un muerto le tengo yo más miedo, que yo qué sé!

–Es una simple formalidad. Sólo mirarle a la cara y decirme si es él.

–Me da igual que lo sea como que no. Además, olvidé su cochina cara.

El inspector consultó su reloj; eran poco más de las cuatro. Hurgó en sus bolsillos buscando un caramelo de eucalipto, que no encontró. La calle era estrecha y empinada. Desde una azotea baja, un muchacho vestido de primera comunión proyectaba reflejos de sol en la cara de Rosita con un espejito. Ella cerró los ojos sin dejar de caminar, mascullando: «La madre que te matriculó, niño», y manoteó en el aire la mariposa de luz. Algo en su voz gutural, una flema adulta y soez enredada en las cuerdas vocales, más que la expresión en sí, alertó al inspector.

–Te acordarás cuando le veas –dijo–. Un vistazo rápido y fuera, con eso basta. Sabemos que es él. Antes de una hora estás de vuelta.

–No puedo perder una hora. Vivimos de la caridad, señor, ¿es que no lo sabe? –Y en tono burlón prosiguió–: Hay que llevar dinerito a la Casa, hay que pencar, oiga. ¿Quién me paga a mí esa hora? No querrá usted quitarles el pan a unas huerfanitas desamparadas que tienen que ir por ahí fregando suelos…

–Lo sé –dijo él secamente–. La directora me puso al tanto. Vamos a mirar de arreglarlo.

No era una mancha de carmín; era un difuso antojo, un

golpe de sangre. Llevaba el pelo negro y espeso estirado hacia atrás con violencia y recogido en un rodete sobre la nuca. El inspector añadió:

–Creía que sólo ibais a coser y a bordar.

–A mí la aguja no se me da bien. Ahora estoy aprendiendo encaje de bolillos con su esposa la señora Merche. Y los martes y jueves voy a ayudar a doña Conxa y así aprendo más, porque ella es una artista.

–¿Y ahora adónde vas?

Dejaron pasar un tranvía 24 y luego cruzaron la Travesera. Rosita sacó del capacho un sobado cuadernito de la Galería Dramática Salesiana y lo abrió. Ahora iba a casa de la señora Planasdemunt, en el Guinardó, y de ningún modo podía faltar: «Me espera un buen lote». La función que estudiaba era *El martirio de Santa Eulalia* y a las nueve tenía ensayo en la parroquia.

–O sea que te sobra tiempo.

–Es que aún no le he hablado de lo demás. –Rosita apartó los ojos del cuaderno y miró al frente con expresión alelada y lírica–: «Hoy es el día más complicado de mi vida, Señor».

–¿Mucha faena? –dijo el inspector.

–¡Uf! La tira.

En la plaza arbolada rondaba una pareja de grises con las manos a la espalda. Dos calles más allá reverdecían las viejas moreras frente al cine Iberia. Rosita arrancó algunas hojas de las ramas bajas y las guardó en el capacho. «Tenemos dos cajas de gusanos de seda», dijo, y se entretuvo mirando el cartel de *El embrujo de Shanghai*. El ventanuco de la cabina de proyección estaba abierto y desde la calle se oía el zumbido del proyector y las voces de plata susurrando en la penumbra.

–Qué peli más extraña –dijo Rosita–. La he visto dos veces y no la entiendo. Estará cortada por la censura. ¿Usted no la ha visto?

El inspector emitió un gruñido y siguieron andando. Al cabo de un rato insistió: «Vamos, decídete. Los malos tragos, cuanto antes mejor». La niña se paró y pateó la acera.

–Que no, jolines.

Estaban junto a un muro alto batido por el sol y coronado de adelfas. Tras la verja abierta, la estrecha escalera de ladrillo forrada de musgo subía hasta el jardín colgado sobre la calle.

–Aquí se despide el duelo, señor inspector.

Rosita lo miró con el rabillo del ojo, temiendo una reacción autoritaria; que la agarrara del brazo y se la llevara a empellones o a rastras. Había oído a la directora hablar de la mala baba de este hombre, de sus arranques bestiales. Había visto sus gruesos dedos pintados en las mejillas de lirio de la Pili el día que la echó de su casa, sólo porque la pobre chica se había rizado el pelo y llevaba unas ligas naranja que le gustaba hacer restallar bajo la falda en los portales oscuros y en el cine; y porque la pilló haciéndolo delante del chico del colmado en el hueco de la escalera... Se preguntó si guardaría las esposas de hierro en alguno de esos bolsillos de la americana que parecían contener piedras, y si sería capaz de llevarla maniatada al Clínico.

Pero el inspector permanecía inmóvil y miraba, al otro lado de la calle, el descalabrado esqueleto de una cometa azul enredada en los cables eléctricos.

–¿Tardarás como cuánto? –dijo por fin.

–Huy.

–Más o menos, niña.

Rosita se encogió de hombros.

–Pues una hora o así.

–Vendré a buscarte –y dando media vuelta se fue por donde habían venido.

3

El inspector se dejó ir calle abajo con paso muelle y pre-
cavido, el sol de cara y las manos cruzadas a la espalda. Sor-
teó pies descalzos devorados por la tiña y roñosas rodillas
florecidas de azufre, kabileños sin escuela tumbados en la
acera entre las paradas de tebeos usados. Sudaba copiosa-
mente y sentía la funda rabiando en la axila como un gan-
glio purulento. De pronto se le ocurrió que ya estaba muerto
y que su cuerpo soñaba caminar sudoroso y mandón por esta
calle, como tres años atrás, cuando en realidad seguía tendi-
do boca arriba en el recibidor celeste de la Casa de Familia,
rodeado de huérfanas horrorizadas.

En la acera contraria, desde un balcón repleto de geranios, un niño albino con antifaz negro le apuntaba con una
escopeta de balines. El inspector se paró a mirarle y el mo-
coso enmascarado desvió el arma y apuntó a una paloma
que remontaba el vuelo fatigosamente desde el arroyo. Pre-
sintiendo la amenaza, la paloma viró sobre un costado en dirección al Monte Carmelo.

El inspector se extrañaba en las esquinas. El día transpiraba una flojera laboral impropia, una conmemoración furtiva. La gente pasaba por su lado sin ruido de pisadas y sin voz, soltando resabios de ansiedad. Creyó oír el timbre festivo de bicicletas de paseo y murmullos de terrazas concurridas, siseos de sifón en gruesas copas de vermut, una seda rasgada, un apagado rumor de domingo al mediodía. «Pero hoy no es domingo», se dijo. Dos muchachas de labios muy pintados y pelo ondulado corrían cogidas del brazo hacia la parada del 24, riéndose.

El inspector entró en una taberna y orinó a oscuras en un retrete diminuto y encharcado. Adivinó en la sombra la mala sangre y sus relámpagos, las injurias anónimas trazadas en la pared a lápiz y a punta de navaja. *Muera Franco. Girón mamón.* Revoloteaba una mosca grande chocando ciega contra las tablas de la puerta.

Al salir pidió una cerveza en el mostrador. Dejó la cerveza a la mitad y pidió un vaso de tinto y después otro. Mientras bebía mirando la calle, de pie junto a la puerta vidriera, pensó vagamente en su mujer y en los hijos que no había tenido, y luego pensó en el negro claustro del retrete como en un ataúd puesto de pie junto al cadáver que le esperaba en el depósito del Clínico, desnudo y frío bajo la sábana, la mano azul colgando crispada a un lado de la camilla como si aún estuviera cayéndose en el vacío...

«Hombre, paisano», creyó oír una voz carrasposa a su

espalda, pero el inspector no se volvió. Al final de la barra, cuatro hombres jugaban a los chinos esgrimiendo puños escamosos como cabezas de serpiente, uno de ellos tiznado de carbón. «Ocho.» «Cinco.» «Dos.» «Ninguno, cabrones.»

El inspector pagó y salió a la calle. Restregó las suelas de los zapatos en la negra carretilla del carbonero arrimada a la acera. Delante de la pescadería, la destartalada camioneta rezumaba agua por los flancos y niños descalzos birlaban puñados de hielo de las cajas. El inspector cruzó la calle en diagonal y dejó atrás la parada del tranvía, el convento de monjas y el Centro Meteorológico. En la puerta de la comisaría vio a un guardia joven que no conocía y a dos mujeres de luto y brazos cruzados sumidas en una espera hipnótica y falaz, como si durmieran de pie. Lo mismo podían estar allí esperando a un familiar detenido que para denunciar a alguien. El inspector se dio a conocer al guardia y entró.

–Hombre, paisano –dijo, ahora sí, una ronca voz a su espalda, ahora sí.

Se volvió y en la puerta de Secretaría estrechó la mano fibrosa y precavida del comisario Arenas. Era un hombre de cara huesuda y piel cetrina, pulcro, con sombrajos bajo los ojos.

–Pasaba por aquí y me he dicho, mira –dijo el inspector–, vamos a saludar a los viejos compañeros de fatigas.

–Ya no queda nadie de cuando tú estabas, o casi. –El comisario le tocó el codo y caminaron juntos hacia su despacho al final del pasillo–. Vaya, vaya. Has engordado, sapastra.

–Farinetas y bocadillos –sonrió torcido el inspector.

–Y ocho meses de reposo. Eso me dijeron.

–Cinco meses.

–¿Qué tenías?

El inspector acentuó la mueca.

–No sé qué puñeta de la circulación y el azúcar... O del estómago.

Estómago de Hierro, recordó el comisario, nunca supiste mentir. Frente a la puerta de su despacho, una joven mecanógrafa le entregó unos papeles. Revisándolos con aire distraído, el comisario dijo:

–¿Todavía comes tantos caramelos?

–Qué va.

–Los años, cagüen el copón –suspiró el comisario y entró en su despacho–. Pasa. ¿Qué tal por la Brigada?

–De primera. Pero aún no estoy bien, no me acabo de entonar...

–Pasa, hombre.

Le ofreció asiento, pero el inspector se quedó de pie junto a la puerta. Pensativo, los puños de plomo en los bolsillos, dijo: «De ésta no salgo, Arenas», pero en un tono tan bajo que parecía hablar consigo mismo y su ex jefe no lo oyó.

–Sólo he venido a matar media hora –añadió–. He de ir al Clínico.

Mencionó el puñetero trámite que le traía de nuevo a su antiguo distrito. El comisario recordaba muy bien la canallada cometida a la huérfana y el terrible disgusto que se llevaron la cuñada y la mujer del inspector.

–Estas pobres chicas son como hijas suyas –dijo–. Y os tocó vivirlo muy de cerca, a ti sobre todo.

–Fue una casualidad –comenzó a decir el inspector, y vio a la niña ovillada dentro de un remolino de ceniza, descalza, las piernas despellejadas y la rebeca desgarrada por encima de la cabeza; la rebeca de angorina azul que le había regalado su mujer dos días antes. Casualmente esa noche de febrero barrida por el viento él y Merche fueron a visitar a la cuñada y la noticia les pilló en la Casa. Una vecina de la calle Cerdeña que vaciaba el cubo de la basura vio a Rosita acurrucada junto al edificio en ruinas en la linde del descampado, la inmensa escombrera donde pernoctaban vagabundos y los kabileños hacían fogatas; supo que era una de las huérfanas por la capillita portátil con la Virgen que estaba tirada y rota a sus pies. El inspector se plantó allí en diez minutos y la trasladó en un taxi al cercano hospital de San Pablo. Él mismo formuló la denuncia y se ocupó de las diligencias. Rompió el teclado de la máquina de escribir, de rabioso que estaba, le recordó el comisario, y vaya bronca en el hospital para que atendieran inmediatamente a la niña.

–Pues sí –cabeceó taciturno el inspector–. Así era yo entonces… Debía de parecer no sé qué.

–Menudo elemento. –Quizá para animarle, el comisario añadió–: No he conocido a nadie con tantas agallas. Hiciste muy bien.

Ahora pareces un melancólico hipopótamo metido en un derrengado traje marengo, se le ocurrió de pronto, mientras le oía refunfuñar:

–Pero ya no es cuestión de agallas, ahora, sino de paciencia. Resulta que a esa niña le parto una tarde de mucho trabajo, y lo poco que gana les hace tanta falta…

Desde la contigua Inspección de Guardia llegaban voces enérgicas y ruido de sillas desplazadas. El tecleteo de las máquinas de escribir no cesaba en la sala de inspectores; era como si todo el grupo estuviera encerrado allí redactando prolijas minutas de busca y captura. El inspector se preguntó el porqué de tanta actividad y qué día sería hoy, si acaso la fecha tenía que ver.

–¿Cómo está Merche? –dijo el comisario sin mirarle, enfrascado en el contenido de una carpeta.

–Está bien.

–¿Siempre tan ocupada en el orfanato?

–No es propiamente un orfanato. Es un hogar, para estas chicas… Sí, ayuda mucho a su hermana.

El inspector notó que las ideas se le embrollaban. Aproximó la mano a la ingle sin sacarla del bolsillo y dijo:

–Me gustaría saludar a Ginés y a Polo. Daré un garbeo por ahí.

36

Salió al pasillo y se asomó a Inspección. Vio media docena de hombres sentados en el banco, cuatro de ellos maniatados. Iban en mangas de camisa y algunos con alpargatas y viejas zapatillas de fieltro sujetas al pie con una cinta elástica, como si acabaran de sacarlos de sus casas o de la taberna. Al inspector lo asaltó de pronto la imagen cansina de Rosita con sus flojos calcetines remetiéndose bajo los talones: un reflejo de la resignada indefensión de estos hombres, que le era tan familiar al inspector, los hermanaba de pronto a los andares desvalidos, al desaliño y al resentimiento de la muchacha. ¿Y qué hacían tantos aquí, por qué esta redada precisamente hoy? Paseó la mirada sobre las abatidas cabezas de los detenidos hasta alcanzar el calendario de la pared –que ya no anunciaba VIT, un estomacal amarillo y dulzón a base de yema de huevo, como cuando él estaba aquí–, pero la fecha del día no le dijo nada. Martes, 8 de mayo.

Subió a la sala de inspectores donde tronaban las altas y pesadas Underwood sobre las mesas de madera y estuvo mirando el perchero en el que solía colgar su gabán y su sombrero. No vio a nadie de su antiguo grupo, pero reconoció a la gorda Conxa Fullat sentada en una silla, de espaldas, declarando a un funcionario ceñudo y sudoroso lo mismo que le declaró a él seis años atrás, con las mismas palabras y la misma cantinela de sorda: que seguía sin noticias de su marido, que ya no esperaba nada ni a nadie en este mundo, y menos a él. Y que el día de hoy no significaba nada para ella y además tampoco se había enterado porque nunca leía el periódico ni miraba el calendario…

Los demás interrogados eran hombres y sus voces un zumbido intermitente. Un sujeto alto de mentón escurrido y nuez prominente escuchaba de pie su propia declaración leída por un auxiliar, asintiendo con la cabeza cada vez que se le pedía conformidad. Inspectores en mangas de camisa iban y venían de sus mesas al balcón abierto vaciando ceniceros repletos en las macetas de geranios. La crispada rutina de siempre, pensó el inspector, pero con más personal y más atrafagado. El larguirucho de la nuez lucía una oreja hinchada y cárdena como una coliflor. El inspector notó que algo se licuaba en sus tripas y detectó el tufo de la carne maltratada.

Regresó a la planta baja y empujó la pequeña puerta en el hueco debajo de la escalera. Se encaminó hacia el lavabo por el pasillo angosto y mal alumbrado y tropezó consigo mismo en el recuerdo y en el espectro de las piernas inermes y estiradas de un hombre calvo sentado en una silla. Todavía sus manos colgaban esposadas entre los muslos, apoyaba la sien en el radiador de la calefacción y sangraba por la nariz. En el suelo, junto a sus pies enredados en un cable eléctrico, humeaba una colilla.

«No lo toque», oyó el inspector a su espalda: una envenenada voz de mujer que no consiguió identificar. Pasó por encima de las piernas sin tocarlas y siguió hasta el lavabo, pero aquello ya tampoco era el lavabo; un cuartucho que se usaba como trastero, lleno de polvorientas cajas vacías de cartuchos Remington 38 Special y rotos archivadores metálicos. Los mingitorios de la pared colgaban ciegos y descalabrados. El inspector liberó una orina densa y punzante como un alambre de pinchos sobre los viejos archivadores y salió.

Volvió a pasar por encima de las piernas de trapo del desconocido, sin rozarle y de memoria, mirando al frente. «Yo no sé nada», susurró la mujer, «registre la casa, si quiere», y el inspector se paró y la vio otra vez recostada de espaldas contra la pared, vestida de luto, doblando las rodillas y resbalando, las muñecas despellejadas por las esposas. Antes de salir consideró el terco silencio y la inmovilidad del detenido, su cabeza abatida sobre las estrellas de sangre en la camisa. Cogió la colilla del suelo, la aplastó contra la yerta mejilla del afligido fantasma y volvió a tirarla entre sus pies.

Encontró al comisario en su despacho en compañía de un joven inspector que se frotaba las manos con un pañuelo.

–Permiso –dijo.

–Has venido en mal día –dijo el comisario–. ¿Conoces a Porcar? ¿O ya te habían trasladado cuando él llegó?

El inspector estrechó una mano sudorosa que ardía de admiración. No sabía gran cosa del tal Porcar, salvo que era mallorquín y un botarate presuntuoso; el hombre que había interrogado a los hermanos Julivert sin sospechar su identidad ni su peligrosidad y sin lograr sacarles una palabra, dejándoles ir. Un pavero.

–Ya que está aquí, podría echarnos una mano –sonrió Porcar halagador–. Usted conoce bien el paño en este distrito. Y tengo entendido que no le hacía ascos a nada, por algo le llamaban… ¿cómo era?

Su voz contenía una mucosidad grasienta; iba sin americana y lucía un flamante chaleco gris perla. Dijo: «Estómago de acero o algo así, ¿no?».

El inspector lo miró como si fuese transparente.

–Conmigo no se desmayaban –gruñó–. Ese que tienes abajo ya no levanta cabeza. Ni con el pitillo.

El mallorquín arrugó la nariz porcina:

–¡Qué dice! ¿Está de broma? Abajo no hay nadie. –Y se volvió hacia el comisario con risueño estupor–. ¿De qué habla, usted lo sabe? Abajo no hay más que ratas…

El comisario Arenas lo atajó con mirada severa:

–Déjalo, anda. Hay mucho trabajo.

–¡Pero bueno! ¡Que va en serio, que hoy no hemos bajado a ninguno todavía…!

–Que lo dejes te digo –insistió el comisario.

Porcar se encogió de hombros y se alejó lentamente hacia la mesa de la mecanógrafa. El inspector observó el remilgado balanceo de su espalda embutida en el chaleco.

«¿Qué pasa hoy, que tienes a todo el personal en danza?», preguntó, y el comisario lo miró aún más extrañado que antes, cuando le vio extraviarse en los sótanos de la memoria. «Pero tú de dónde vienes», gruñó: «¿No has leído la circular del Gobierno Civil?».

El inspector se alarmó al presentir otro embrollo en su mente. El caso es que hoy no había pasado por Jefatura, dijo. Recibió por teléfono la orden de presentarse en el Clínico, donde estuvo tocándose la pera hasta las tres de la tarde, esperando a uno de Homicidios que le dio plantón; llamó a la Brigada y le dijeron que no esperara a nadie, que lo único que debía hacer era buscar a la niña y llevarla al depósito y que identificara el cadáver en su presencia; al muerto ni siquiera lo destapó para verle la cara, quienquiera que fuese le tenía sin cuidado, este servicio le ponía de mala hostia. Se lo habían endosado a él solamente porque conocía a Rosita y porque la directora de la Casa era su cuñada…

El comisario no le prestaba mucha atención.

–Pero no quiere ir, la cabrona –añadió el inspector–, no quiere verle ni en pintura, al fiambre.

Esperó inútilmente algún comentario del comisario y luego pensó, bueno, tengo toda la tarde para convencerla.

Entonces vio al mallorquín acercarse de nuevo con paso decidido y un fajo de impresos en la mano. El flequillo cabalgaba sobre su frente y sonreía con determinación de cretino.

–Ahora –dijo el inspector como si hablara solo– tengo pocas cosas que hacer y me gusta hacerlas despacio.

El comisario, que hojeaba unas minutas recostado en el canto de la mesa, lo escrutó con su mirada afable y sombría. Acabarás en Archivos o en Pasaportes, pensó.

–Pues aquí –murmuró cogiendo distraídamente los impresos que le tendía Porcar– hemos tenido una mañana bastante movida.

–¿Y eso?

–Hombre, por lo de los boches –terció Porcar–. Parece que algunos lo están celebrando.

Había conatos de huelga y un alegre trajín de hojas clandestinas, dijo, en el fondo una bobada: ni que los aliados fueran a llegar mañana mismo. «Los exaltados de siempre», añadió. A través de los enlaces sindicales, las comisarías estaban recibiendo listas de gente que no se había presentado al trabajo o que lo había abandonado, y se estaba procediendo a su detención. Las medidas preventivas dictadas por el Gobierno Civil no indicaban en absoluto una situación de alarma. Las diligencias y los interrogatorios revelaban falta de coordinación y para muchos la derrota alemana no era más que una excusa para ir a entromparse a la taberna. «Nada, ganas de fastidiar», concluyó el comisario: «Este jolgorio estaba previsto, se veía venir desde el desembarco de Normandía».

El inspector asintió reiteradamente, abstraído. Se encontraba a mil kilómetros de allí, sopesando con renovada entereza la amenaza del huevo otra vez encogido, a punto de saltar a la ingle. «Mierda», masculló.

Porcar había salido al pasillo dando voces a alguien. El comisario abría y cerraba cajones en su mesa y su crispada impaciencia desmoralizó al inspector. Luego sintió la amistosa presión de su mano en el codo mientras caminaban, pero no sacó las manos de los bolsillos. Temía sufrir un calambre al menor movimiento. Cuando se dio cuenta, ya estaban en la puerta de la calle. La presión húmeda en la ingle, como el hocico helado de un perro, cedió de pronto. «Déjate ver más a menudo», dijo el comisario palmeándole la espalda. «Y vigila esos dolores de cabeza.»

El inspector no recordaba haber mencionado los dolores de cabeza. Las mujeres tocadas con pañuelos negros seguían brazos cruzados y mudas delante de la comisaría. Le quedaban veinte minutos y entró en la taberna al lado del cine Iberia. Miraba las hojas tersas y verdes de las moreras a través del cristal de la puerta, luego los carteles de veladas de boxeo en el Iris y el Price, y pensaba oscuramente en el retrete y la bala-caramelo incrustada por fin en su mollera. Comprendió que el vino nunca llegaría a aturdirle lo bastante y pidió un botellín de gaseosa.

Cuando salió, desde el cine le llegó un sordo disparo y una melodía sumergida, ondulante, como si tocaran el piano bajo el agua. Más arriba habían baldeado la calle y bajaban oscuros regueros de espuma jabonosa. Prendido en las comisuras de la cloaca se pudría un ramo de lirios. En un portal y de espaldas, subiéndose con disimulada premura el borde de la falda, una muchacha hizo chasquear la liga contra su muslo.

4

Rosita había dejado el porche abierto para facilitar el secado del mosaico. Desde fuera, el inspector veía las grandes macetas de helechos en el recibidor y el largo pasillo de baldosas lila y perla recién baldeadas, pringadas de una luz lechosa que provenía del jardín trasero. Al fondo y a gatas, arrastrando las rodillas liadas con trapos deshilachados, el pequeño trasero enhiesto, la niña restregaba la bayeta y parecía suspendida en el aire, sobre un crudo resplandor de lago helado.

Diez minutos después salía a la calle con el capacho en bandolera y las rodillas sonrosadas. Traía un sofoco, el rodete flojo en la nuca y un mechón de cabellos engarfiado en las comisuras agrietadas de la boca.

—Jolines —se lamentó al verle—, pensé que lo dejaría correr...

—Pues aquí me tienes.

—No he hecho más que empezar, ¿sabe? La faena es lo primero.

–Ya.

–¿Piensa seguirme toda la tarde?

–No tengo nada mejor que hacer –gruñó el inspector.

–Conmigo va usted a perder el día tontamente, ya lo verá.

–Bueno, lo perderé.

–Le trae más cuenta irse a perseguir ladrones y maleantes y meterlos en la cárcel y todo eso, créame.

–Tú qué sabes, mocosa.

–Vaya, ¿no es ése su trabajo?

–También me ocupo de otras cosas.

Guardó silencio un rato, y la niña resopló de impaciencia:

–El martes no es mi día de suerte. Y para quien ande a mi vera, tampoco, se lo advierto.

–No digas bobadas.

Rosita aflojó el paso. Se frotaba las manos con una crema y se estiraba los dedos haciendo crujir las articulaciones. «¡Uf, estoy baldada!», suspiró. El inspector miró sus rodillas.

–¿Por qué no friegas con el mocho, y no tendrías que arrodillarte?

–Fregar de pie es malo para la columna vertebral, ¿no lo sabía?

El capacho golpeaba su cadera con ruido de quincalla. Hizo un alto y reforzó el rodete en su nuca cambiando de sitio algunas horquillas. El inspector percibió el acre aroma de los sobacos.

—Me diste una buena descripción de aquel hombre. ¿Te acuerdas?

—Yo qué va. Hace tanto tiempo.

—Dos años. Nada.

—Huy, nada, dice. —Rosita sonrió, sujetando una horquilla con los dientes oscuros y dañados—. Han pasado muchas cosas, en dos años. Ya no soy aquella pánfila, ¿sabe usted?

El inspector observó en su mejilla la pequeña arruga, afilada y ávida, que desfiguraba su sonrisa.

—Quieres decir que ya no te asustas de nada.

—No señor. Quiero decir que una servidora ya no se fía ni de su padre, que en gloria esté.

—Haces muy bien.

Rosita avivó el paso y meneó la cabeza.

—No puede llevarme a la fuerza —dijo—. Lo he pensado bien y no quiero verle. Me podría dar algo, ¿sabe? Cuando era pequeña vi a un muerto en la estación y me desmayé, me caí redonda. Y no crea que fue de debilidad, no señor, aunque entonces ya estaba sola y llevaba días sin comer… Pero no fue por eso.

—¿De qué hablas? —gruñó el inspector—. No se puede comparar.

—Era un pobre soldado. Lo llevaban en una manta y de cintura para abajo no tenía nada. Pero nada, oiga.

Volvió a ver las piernas abandonadas al otro lado de la vía, en la tranquila postura de un hombre que está reparando algo debajo de un vagón, y todavía hoy se preguntaba por qué las dejaron allí; tal vez porque llovía mucho, y por los aviones. «Dijeron que no fue el tren, que fue una bomba», recordó: en ese mismo tren había viajado desde Málaga con las monjitas y otras huérfanas, a los siete años, hasta llegar aquí, «mi gente ya había muerto, señor, ya estaba sola en el mundo», lloviendo todo el camino hasta Barcelona.

El inspector escrutaba la calle desierta.

–Podríamos coger un taxi –dijo.

Y a veces aún veía pasar, tras el cristal de la ventanilla que azotaba la lluvia, pequeñas estaciones en ruinas, vagones ametrallados en vías muertas, la acogedora tiniebla de un túnel. Iremos en el metro, prometió a sus compañeras de viaje: Es fantástico. Vas por debajo de la tierra y no ves nada, nada, como si siempre fuera de noche.

–A mí lo que me gusta es el metro.

–El tranvía nos deja más cerca –dijo el inspector.

–No. El metro es mejor –insistió ella–. Y lo de mirar al muerto, pues ya veremos... Desde luego ahora no, tendrá que esperar.

–¿Qué llevas en el capacho?

–Mis cosas. Trapos. Nivea para las manos. La función de la parroquia. Yo hago de Santa Eulalia. –Sonrió, mirándole de reojo–. Y dos fiambreras por si cae alguna cosita buena de comer, sobras de la cocina... ¡Mire!

Cruzaban la calle de las Camelias. Sobre las basuras apiladas en la esquina yacía una paloma con la tráquea seccionada. Rosita quiso cogerla, pero el inspector se lo impidió:

–¿Quieres pillar una infección?

Luego simuló interesarse por su trabajo:

–¿Qué os pagan?

–No lo sé. Pregunte a la directora. Ella es la que cobra.

–Pero en esas torres vive gente rica, tienen criada.

–Pues claro –dijo Rosita enfurruñada–. Yo sólo soy la niña de las faenas, no pinto nada, ni ganas. Las señoras nos cogen por caridad, son congregantas del *Virolai Vivent*, de Las Ánimas. Amigas de la directora y del mosén y todo eso.

Bajaban por Secretario Coloma pegados a la tapia del campo de fútbol. En el Hispano Francés habían izado la bandera tricolor. A Rosita los calcetines mojados se le remetían debajo de los talones y se paró. «Y eso es lo malo, que tengan criada», añadió apoyándose en el brazo del inspector. Levantó los pies alternativamente y él reparó en los rasguños de los tobillos marrones. «Yo me entiendo mejor con las señoras», prosiguió Rosita: «Ésta, por ejemplo, la Tomasa, es una mala bestia. Sabe que vengo los martes y se aprovecha; me toca sacudir las alfombras más pesadas, planchar montones de ropa, lavar pilas de platos. La tira, oiga.»

Un taxi remontaba la calle sin asfaltar pedorreando un humo negro, pero no estaba libre. No circulaba ningún otro coche y apenas gente. Abstraído en el parloteo de la niña, el inspector se dejaba llevar. Cuando se dio cuenta, ya estaban en Paseo del Monte, con su pendiente dormida y umbrosa bajo las acacias.

–Cogemos el metro en Lesseps, si quieres.

–Y fíjese, cuando estoy en la cocina…

–Espera. ¿Adónde vas ahora?

–Cuando estoy en la cocina, la mala zorra me vigila todo el rato. Y eso que tengo permiso de la doña para comer lo que quiera… Hoy había crema catalana y medio brazo de gitano y champán. Se ve que han celebrado algo. El señor Planasdemunt estuvo escuchando la radio francesa en su despacho y cantaba; es un poco de la *ceba*, ¿me entiende? A mí sólo me habla en catalán, como la *Betibú*. Lo has de aprender, maca, me dice siempre. Pero es buena persona, no vaya usted a pensar mal… Oiga, ¿qué le pasa?

El inspector se había parado y pateaba la acera como sacudiéndose el polvo del zapato. Su cara congestionada denotaba contrariedad y un tedio inmenso. «Nada», dijo y flexionaba el pie, apoyándose en el hombro de Rosita. Desde hacía algún tiempo, su cuerpo no dejaba de sorprenderle; ahora sentía un hormigueo intensísimo en la mitad delantera del pie, como si de pronto toda la gaseosa del botellín hubiese ido a parar allí bajando desde su estómago.

–Eso es la mala circulación –dijo Rosita–. Falta de riego consanguíneo.

–Sanguíneo.

50

–Quítese el zapato. Vamos.

Lo apremió, agachándose, y ella misma se lo quitó. «Qué haces», gruñó el inspector. Pero ya las pequeñas manos furiosas lo confortaban a través del calcetín. Desde una ventana baja, a su lado, salía el rumor cadencioso de una máquina de coser.

–¿Sabe qué vamos a hacer? –Rosita lo calzó de nuevo y se levantó decidida–. ¿Ve aquella bodeguita, al final de la calle? Me invita a un *orange*, y mientras usted se toma un café y deja reposar la pata, yo voy a casa de la señora Casals. Está ahí mismo. ¿Qué hora tenemos?

Eran las cinco y media pasadas. «¡Ostras, hoy me van a echar de todas partes! Bueno, que esperen.» El inspector soltó un bufido largo y gaseoso:

–Luego dirás que te he llevado al Clínico a la fuerza.

–Yo qué voy a decir eso. Si es usted la mar de bueno.

Ocuparon la única mesa que había en la acera. Al sentarse Rosita, sus rodillas enrojecidas desplegaron ante el inspector una madurez insolente y compulsiva. Sacó del capacho un níspero maduro y lo frotó con el borde de la falda. Al lado de la bodega había una carbonería y sentado a la puerta, en una silla baja, un tipo delgado con la espalda muy tiesa y tiznado de hollín de los pies a la cabeza; llevaba un par de guantes sucios y destripados prendidos en la faja negra y los cabellos planchados y untados de fijapelo y coquetería. Se incorporó con una botella de cerveza en la mano, entró en la

51

bodega acodándose de espaldas en el mostrador y desde allí miró a Rosita.

Ella daba mordisquitos a la pulpa rosada del níspero.

–¿Se encuentra mejor?

El inspector asintió mientras se quitaba el zapato. Masajeó el pie y cuando salió el tabernero pidió un *orange* y un tinto. Rosita señaló la casa detrás de las acacias, al otro lado de la calle. Era una torre de dos plantas, con verja y ventanas enrejadas al ras de la acera.

–Comen escudella cada día y tienen un loro que reza el rosario en catalán –dijo–. En serio. Con unas cagaleras, pobre animal... No tardaré nada, no hay mucha faena. Dos cuartos de baño y seguramente la habitación del abuelo. Lo peor es la jaula del lorito, con su mierda de toda la semana.

El inspector sentía retroceder el hormigueo del pie. El vino era áspero y cabezón. Rosita lanzaba cautelosas miradas al perfil rapiñoso del carbonero, cuya frente ceñía un pañuelo negro. Entonces pensó otra vez en el muerto con un escalofrío:

–¿Y si me desmayo al verle?

–Yo estaré a tu lado.

–¿Está metido en una caja, con el crucifijo en el pecho y cirios a los lados y toda la pesca...?

–Nada de eso.

–¿Está desnudo?

El inspector miraba el níspero rezumando entre sus dedos.

–Sólo tienes que verle la cara. Basta con eso.

–¿Y se ha muerto cómo, de qué?

–Se tiró él mismo por el hueco de una escalera; o de un terrado, no lo sé. Está un poco desfigurado, supongo, pero cuando lo veas te acordarás…

La niña reflexionó parando de masticar: «Qué espanto. Ahora no lo pueden enterrar en tierra santa, en ningún cementerio. No irá ningún cura y la caja no llevará la cruz, porque es un suicida.» Hizo saltar el bruñido hueso del níspero, engulló el resto y luego engarfió con el dedo meñique de cada mano las comisuras dañadas de sus labios, ventilando un escozor de la boca. Explicó que le habían salido llaguitas y ronchas hasta la campanilla, un sarpullido interior de primavera. Bebió un trago de *orange* y añadió:

–¿Y no hay nadie con él? ¿No tenía familia ni amigos?

–Cómo saberlo –dijo el inspector–. Y quién le va a echar de menos. Esos tipos acaban todos igual, sin dejar rastro.

–¿Usted cree que se suicidó? Dicen que ahora pasa mucho, que hay como una plaga, pero que no sale en los diarios porque está prohibido hablar de eso. Que cuando viene en los sucesos que alguien fue atropellado por el metro o se cayó a la calle desde una ventana, es que se tiró. ¿Es verdad, oiga?

El inspector seguía masajeando el pie dormido con talante perplejo y Rosita se impacientó: «Jesús, qué poca maña. Traiga usted acá.» Apoyó el pie en su regazo y lo estrujó con ambas manos, atornillando sabiamente los pulgares en la planta. Cruzó las piernas con presteza y de nuevo el inspector percibió fugazmente en sus rodillas el despliegue sedoso de una madurez furtiva. Ella prosiguió en tono confidencial:

–¿Y sabe qué dicen, también? Dicen que muchas personas desaparecen de un día para otro como por encantamiento, y que nunca más se supo. Que se esfuman de repente, ¡zas!, como el Hombre Invisible, y nadie sabe cómo ha sido. Mire la fati de doña Conxa: un día bajó al colmado a comprar una lechuga y al volver a casa ya no encontró a su marido. Y nunca jamás lo ha vuelto a ver.

–Ése lleva años escondido como una rata.

El furioso maltrato que le daban las manitas rojas y ásperas lo azoraba. Retiró el pie y se calzó. «Vete ya», dijo, «y no tardes.»

–Sí, no sé para qué –refunfuñó Rosita–. Para luego tener que ir a ver a un muerto patitieso y espachurrado o vaya usted a saber cómo estará. No me muero de ganas, la verdad.

Afirmó las asas del capacho en su hombro y apuró el refresco, pero no se movió. Observó la trama sanguinolenta en las mejillas del inspector.

–Dicen que a los muertos les crece la barba.

–Vaya. Pues sí que nos vamos a divertir contigo.

–Tiene usted la cara como un mapa. ¿Con qué se afeita, con un serrucho?

El inspector no dijo nada y Rosita lo miró fijamente, arrugando el ceño:

–¿Sabe qué le digo? Que me parece que está usted un poco grillado. –Se inclinó sobre la mesa y escrutó de cerca la boca despectiva y los pómulos altos de ceniza–. Oiga, ¿cómo es?

–¿Quién, yo?

–El otro, el muerto.

–No le he visto la cara. Parecía alto y flaco. Tú deberías acordarte.

–No quiero acordarme. No quiero verle.

–Lo siento, no hay más remedio.

Evocó la niña postrada en la cama del hospital, las ascuas de sus ojos mirando el techo, las piernas abiertas y rígidas bajo la sábana.

–Un día me dijiste, llorando de rabia, que te gustaría verle muerto.

–Un día un día, yo qué sé qué dije un día.

Sólo podía verle sentado todavía junto al fuego, siempre atizando las brasas con un palo, el zurrón a la espalda y la cabeza hundida entre las solapas alzadas del abrigo. ¿Alto y flaco? No llegó a verle de pie, no le dio tiempo a nada. Ella cruzaba el descampado cara al viento con la capilla de la Virgen apoyada en la cadera y se acercó al fuego a calentarse las manos; siempre que venía de casa de doña Conxa se paraba allí un rato a conversar con un viejo vagabundo que recogía vidrios y metales con un carrito de madera negra de piano adornado con calcomanías, recortes de Betty Boop y anillos de puro; o con los chicos del Guinardó que cazaban gatos en los escombros y que la secuestraban un ratito en la destartalada cabina del camión ruso, un esqueleto herrumbroso sin ruedas ni motor. Pero esa noche no estaban sus amigos y el hombre sentado a la lumbre no era el vagabundo conocido; cuando se volvió a mirarla, ya tenía la navaja en la mano y decía con la voz rasposa: «No grites. Siéntate aquí». La estuvo mirando un rato y luego le dijo que se tumbara junto al fuego y le levantó la falda. El hombre arrojó puñados de tierra al fuego hasta casi apagarlo, pero luego, mientras duró aquello, el viento lo avivó y brotaron las llamas otra vez; ella las veía rebrincar con la mejilla aplastada contra el polvo, la punta de la navaja en el cuello. Escupió en los ojos turbios del perdulario y en su boca sin dientes, que olía a habas crudas y era resbalosa y blanda como un sapo. Una mano renegrida y temblorosa acariciaba su pelo.

Rosita sacudió el borde de la falda y se levantó. «Voy a hacer un pis», dijo. Entró en la bodega y tardaba en volver. El inspector miró adentro por encima del hombro y la vio hablando con el carbonero. El sujeto recostaba la recta espalda contra el mostrador y tenía los pulgares engarfiados chulescamente en la faja. El hollín enmascaraba su edad, observó el inspector; era casi un niño.

–Veo que conoces a mucha gente del barrio –dijo cuando Rosita salió.

–Huy. ¿No sabe que soy un gato callejero? –Frotaba un tizne en su cara con el dedo ensalivado y lanzó al inspector una mirada repentinamente estrábica, torva y dulce a la vez–. ¿Piensa esperarme aquí o se dará una vuelta?

Cruzó la calzada corriendo, los calcetines bamboleándose en torno a los rasguñados tobillos.

El inspector pagó y se fue. Le tenía ganas a la calle estrecha y en pendiente que enfiló envarado, las manos cruzadas a la espalda, la calle donde una noche de verano que pasaba por aquí zarandeó a un vecino que le salió respondón, en zapatillas y con la chaqueta del pijama, orinando tranquilamente, como si estuviera en su casa, contra el Peñón estampillado en la esquina... Que no se había fijado, perdone, se excusó, y luego, ya con la cara inflada: que él se meaba en la Gran Bretaña, señor, que hiciera el favor de entenderlo. No hacía cuatro años y al inspector le parecía un siglo.

Sintió un nuevo calambre en el intestino e inmediatamente la ascensión cosquilleante, literalmente risible, del inestable atributo. En cuanto al famoso estómago de hierro, estaba trabado y enmohecido, roído por la floración gástrica de sus viejos humores. Pero no paró hasta llegar a la plaza arbolada, en cuya fuente pública hizo algunas flexiones, sin resultado, mientras se inclinaba simulando beber agua. El sol en declive se volvía cobrizo entre el ramaje verde y espeso de los plátanos. Había hombres charlando en la puerta del bar Comulada y un grupo de tranviarios discutía en la parada frente al kiosco. «Portugal es el único país que quiere jugar con nosotros», se lamentó alguien. «Porque ya no somos nada», comentó otro.

Nunca había visto a tantas personas leyendo el diario en la parada del tranvía. Compró *La Vanguardia* y la hojeó caminando cautelosamente. En el vestíbulo del cine, tres ancianos tomaban el sol sentados en banquetas frente a una escupidera de loza. *En La Coruña*, decían los titulares, *España vence a Portugal por 4 a 2.*

El inspector caminaba cachazudo con el diario en el sobaco y las manos sonsas en los desbocados bolsillos de la americana. Se diluían en su mente otros titulares de la primera plana cuando se paró ante el escaparate de una tienda de muebles que exhibía un dormitorio nupcial completo. *Episodios culminantes de la guerra que ha terminado.* Había algo raro allí tras el cristal ofreciéndose solapadamente a los novios, un guiño mercachifle de connivencia vernácula, un ritual de colores abolido.

El inspector examinó detenidamente la cama de matrimonio con el edredón color pastel y los pequeños cojines de adorno, las dos mesitas de noche y el armario de luna; en una de las mesitas ardía tontamente la lámpara de pantalla rosa satinada. *Rendición total e incondicional de Alemania.* Luego veré quién ha marcado los goles, pensó, es lo único que vale la pena leer… En los dormitorios de la memoria más profunda, en el viejo laberinto de sus primeras inspecciones y registros en los hogares del barrio, siempre había, al otro lado de la cama, una mujer joven vestida de luto mirándole con ojos de odio. Había también aquí, en la mesita de noche, una fotografía de Charles Boyer y Heddy Lamarr en un portarretratos plateado, el despertador, revistas y una rosa mustia en un esbelto búcaro de cristal violeta. Sobre la alfombra dormitaba un gato negro, y, extendidos al borde de la cama, un pijama y un camisón esperaban a los cónyuges como espantapájaros abatidos. El inspector sintió el testículo aplomarse en su pellejo suavemente.

Entonces fijó su atención en el cojín con franjas amarillas y rojas tirado sobre la cama. Entró en la tienda y un hombre de cara chupada que vestía guardapolvo gris acudió obsequioso a su encuentro. El inspector se llevó la mano a la solapa y dejó entrever la chapa.

–¿Es usted el dueño? –dijo sin mirarle–. Haga el favor de retirar eso.

El hombre palideció. Se apresuró a retirar el cojín de la cama, excusándose: «No irá usted a pensar… Se trata de una casualidad, por los colores», farfulló. Miraba el cojín emblemático en sus manos y le daba vueltas como si fuera un extraño artilugio cuya utilidad le resultara un enigma. «Y tiene tantas franjas y son tan estrechas que quién iba a pensar…»

–Aun así lléveselo. ¿No me oye?

–Claro, faltaría más. Con su permiso –tartajeó el dueño escurriéndose hacia el fondo del local–. Hay tanta variedad de modelos… Una distracción del fabricante, sin mala intención.

El inspector le había vuelto la espalda y hojeaba las revistas de la mesita. Luego echó un vistazo alrededor y se quedó mirando la cama ancha y confortable y sonrió para sus adentros. Se vio tumbado allí con el caramelo del adiós en la boca, la cabeza ensangrentada reposando sobre el cojín separatista y la gente agolpándose ante el escaparate, mirando atónita el cadáver y el emblema palado. El gato abandonó repentinamente la alfombra y se deslizó bajo la cama.

–No había caído, perdone –regresó el dueño apurado, conciliador–. Y es que lleva muchas franjas, ¿se ha fijado usted?, más de cuatro. No es lo que parece, no señor, no era mi intención, Dios me libre…

–Cállese o le parto la boca –dijo el inspector distraídamente.

Cogió el despertador y lo puso en hora, le dio cuerda y lo dejó en su sitio. No volvió a mirar al hombre ni una sola vez y en la puerta, antes de salir, se paró golpeándose la rodilla con el diario.

–Barra más barra menos, es lo mismo. Majadero. La próxima vez le cierro el negocio.

Poco después cruzaba otra plaza desierta, subiendo, espoleándose con el diario plegado. Dos grises patrullaban por la calle San Salvador, frente a la torrecita rosada del viejo Sucre. En el recuerdo compulsivo del inspector humeaba una colilla de Tritón aplastada contra la pelambrera gris de una mejilla yerta y chamuscada; ardía en su mano el periódico enrollado y la llama lamía la planta del pie. Escuchó pasos a la carrera en la esquina pero no vio nada, respiró un fuerte aroma a establo al pasar por delante de la vaquería, oyó repicar la campanilla de la puerta de la farmacia. Consultó su reloj y fue en busca de la niña.

—Ya se ha ido —dijo la vieja sirvienta detrás de la puerta entornada y la verja de lanzas—. ¿Quién es usted?

El inspector no se identificó por no alarmarla; dijo que venía de la Casa de Familia, de ver a la directora. La vieja lo miraba con recelo.

—Hoy ha despachado la faena de mala manera —se lamentó—. Trabajadora ya es, pero cuando se le tuerce el morro…

—¿Y adónde ha ido?

—A llevarle la capilla a la sorda, como es su obligación —respondió desdeñosa—. Pero vaya usted a saber. Seguro que anda por ahí con esa pandilla de charnegos…

El inspector la interrumpió de nuevo: «¿Se refiere a una señora de la calle Cerdeña que llaman la *Betibú*?», y ella asintió con sonrisa meliflua: «Otra que tal baila. ¿Para qué querrá a la Virgen en su dormitorio esa pelandusca? No será para rezarle, digo yo…».

El inspector se despidió dando las gracias.

5

–Ya está –dijo Rosita espiando las caras sucias de los hermanos Jara sentados en la escalera–. Ya os ha venido.

–A mí todavía no –dijo el más pequeño con la voz mimosa–. Espera, Rosi. Bonita. Salada.

–Qué lento eres –protestó ella–. Se te va a dormir la mano.

–De eso nada. Mira.

–Que me da el repelús, Perico. Date prisa. ¡Piensa! ¡Piensa en la Pili!

Rosita sacó del capacho una larga zanahoria y le pegó un mordisco avieso e interminable, mirando fijamente a Pedro. «Piensa, niño», insistió: «¡Vamos, piensa!» El chaval la miraba a su vez, perplejo, y aceleró la respiración para darse ánimos. La boina sujetaba mal su pelo largo y grasiento y, a los furiosos embates de su puño, los mechones aleteaban como pájaros negros sobre las orejas encendidas. Y se afanaba en pensar: recalentaba en la memoria no los pechines firmes de la Pili ni sus ligas ya legendarias, sino a la Rosita de invierno que compartía con él y sus hermanos el tibio sol de las esquinas, los sobados cancioneros de amor y el boniato asado; lo mismo que las demás huérfanas, Rosita llevaba en invierno medias negras de lana con una simple tira de goma apretada por encima de la rodilla, pero ella siempre parecía más friolera y al mismo tiempo más caliente y más amiga.

–Venga, niños, a ver si espabiláis –dijo separando los muslos un poco más–. No vamos a pasarnos aquí toda la tarde.

Las seis pupilas clavadas en Rosita brillaban en la penumbra del rellano, sobre todo las de Matías. El chico llevaba una americana de muerto que le venía grande, con las mangas vacías metidas malamente en los bolsillos. Frotaba con dulzura la mejilla en su hombro y con la punta de la lengua trasladaba hábilmente la colilla apagada de un extremo a otro de la boca, como un viejo. Hiciera lo que hiciera, constató Rosita una vez más, el fantasma de los brazos perdidos vagaba siempre en torno a sus mangas desocupadas y rígidas, pegadas a los flancos. Alguna vez ella había llegado a sentir bajo la falda las manos frías e insepultas del niño, las manos que él solamente podía mover en sueños y en aventis.

–Y tú a qué has venido, tonto –le recriminó con los ojos tristes–. Para qué, si no tienes con qué… Más que tonto.

–Cierra el pico y mira aquí, niña –ordenó Miguel–. Si no miras, luego no cobras.

–Y no vale reírse –terció Pedro.

64

–El trato es mirar, sólo eso –dijo ella mordisqueando la zanahoria–. Puedo reírme lo que quiera. Cochinos. Babosos. Estaba sentada tres escalones más arriba con la espalda apoyada en la pringosa barandilla de hierro y miraba de refilón, no siempre allí donde ellos querían. Y no porque sintiera vergüenza ni asco o le diera risa; prefería mirarles a la cara y comprobar cómo se iba ensimismando su expresión lela y soñadora, cómo iba creciendo poco a poco en sus ojos aquella flor de melancolía y de pasmo. «La cara de panolis que estáis poniendo», dijo. En medio del compulsivo silencio, las tripas de Matías soltaron un maullido. El puño de Pedrito se paró y asomó entre sus dedos tiñosos la cabecita rosada. Rosita tensó la mirada, sin un parpadeo; por un breve instante, entre el arrebol de sus mejillas y el carbón de sus ojos circuló una ponzoña febril, un ajetreo de sedas y alacranes.

–No te pares, niño –dijo–. Dale al manubrio y piensa. ¡Piensa!

–Ya voy, no me achuches –dijo Pedrito.

Parecía algo descorazonado, distraído. «Tienes un tizne de carbón, Rosi», la previno: «Ya verás la directora, ya.» Ella se frotó la cara y Pedrito añadió: «No, en la rodilla», y Rosita alzó la rodilla y la examinó, escupiendo en la palma de la mano. Entonces, mientras la veía restregarse con saliva, el niño se la figuró apresuradamente tumbada de espaldas junto a la fogata con la falda en la cintura y luego espatarrada y gimiendo sobre la negra carretilla del carbonero. Cerró los ojos y ladeó la cabeza.

–Ya estás –advirtió ella–. Ahora te vino, no digas que no. Y tú también, Miguel, te he visto.

Dejó de mirarles, juntó los muslos y se puso a ordenar el contenido del capacho. Los tres hermanos tenían a su lado el saco lleno de papel y trapos y ocupaban dos escalones del último tramo de la escalera. Desde la claraboya del terrado caía sobre ellos una luz amarillenta. Rosita estaba en el último escalón, la capilla en el regazo y el capacho en el descansillo. Cada martes se encontraban allí; ella con la Virgen para la *Betibú* y ellos con el saco y la romana, después de llamar a todas las puertas. Mostraban un falso carnet del Cottolengo del Padre Alegre y recibían donativos.

–Rosi, cuéntanos cómo calientas al gordito mongólico –dijo Miguel levantándose–. Cómo le das friegas con polvos de talco. Anda, cuéntanos.

–Las perras que te da el fati no valen –dijo Matías–. Es dinero de antes de la guerra. ¿Por qué te dejas timar?

Ella no contestó. Les presentó la capilla y ellos echaron en la ranura del cajoncito los cuarenta y cinco céntimos, quince cada uno. Rosita acercaba la cara para ver depositar las monedas de cerca y de paso husmeaba el aroma a algas marinas que persistía en sus dedos. «Y ahora mi paloma», exigió. Miguel la llevaba prendida en el cinturón por una pata. De mala gana se la dio, y Rosita la guardó en el capacho.

–De todos modos, nadie nos daría un real por ella –dijo Pedrito.

–Yo la vi antes –dijo Rosita–, pero el poli no me dejó ni tocarla.

–Que te aproveche –masculló Pedrito con una mueca de asco–. Menda sólo come las que cazamos. Ésta la pillaría un tranvía, o vete a saber.

Matías daba cabezadas sorbiéndose los mocos.

–Tiene un balín debajo del ala –dijo–. Se cayó a la vía y ¡zas! Seguro.

–Hemos escarbado en la basura y ni rastro de la cabocia –dijo Miguel–. Se la cosemos al buche y ni te habrías enterado, niña. Pero alguien se la llevó.

–Un tísico, qué te juegas –sugirió Pedrito–. Sólo comen caldo con cabezas de pichón.

Se habían incorporado los tres. Matías restregó la nariz en el hombro y preguntó a Rosita: «¿Te vienes con nosotros? Ya ves que la gorda no te oye». Ella lo miró sin decir nada, luego le sacó del bolsillo un pañuelo que parecía tasajo y le limpió los morros. «Suénate, marrano. Fuerte.» Miguel cargaba con el saco y miró a Rosita con ojos burlones: «Tú siempre dices que somos demasiado pequeños, pero si en vez de guipar hicieras algo, te ibas a forrar, chavala...». Rosita le tiró el pañuelo a la cara.

Bajaron las escaleras saltando y riéndose y ella se quedó aporreando la puerta de la *Betibú*. Pero dentro del piso no se oía como otras veces el alegre tintineo de los bolillos, y nadie acudió a abrir.

Rosita salió a la calle y se paró, indecisa, la capilla apoyada en la cadera como si llevara una pesada damajuana. Aseguró la clavija sobre la pequeña puerta combada de dos hojas que ocultaba a la Virgen, y entonces vio acercarse por la acera la imponente figura de andares pesarosos y fue a su encuentro.

–No se enfade, inspector. No crea que me quería escapar… Pensé que tenía tiempo de llevarle la capilla a la señora Conxa. Pero no está en casa, o no me oye, como es tan sorda…

–La he visto en comisaría. Si vuelves a hacerme eso te sacudo.

–Perdone, jolín.

Rosita echó a andar calle abajo y hurgaba en el capacho con la mano libre. Empuñó otra zanahoria y empezó a comérsela.

–¿De dónde has sacado eso? –gruñó el inspector.

–La comida del loro catalanufo –respondió ella–. Es pastanaga, muy buena para la vista. ¿Quiere una?

El inspector meneó la cabeza. Luego dijo:

–No intentes hacerme otra jugarreta. No te valdría de nada.

–De verdad que no lo volveré a hacer.

–Está bien. ¿Y ahora qué?

Ella iba pensativa, la cabeza gacha. «¿Sabe cómo se llama el lorito? Patufet. ¿Eso no está medio prohibido?» El inspector no dijo nada. Rosita cambió la capilla de cadera y él percibió el efluvio de los desteñidos sobacos, una mezcla agria de jabón de fregadero y sudor.

–Oiga –dijo Rosita con la voz deprimida–, cuando uno muere así, solo, y nadie lo reclama, y no se sabe quién es, ¿dónde lo entierran?

–En Montjuich, en la fosa común. Te he preguntado qué hacemos. ¿Tienes más trabajo?

–¡¿Que si tengo?! Para matar a un caballo. –Suspiró–: Agotaíta estoy sólo de pensarlo.

–¿Entonces qué?

–Primero dejaremos la capilla en casa de la señora Espuny, será lo mejor. –La zanahoria crujía entre sus dientes como un cristal–. Le toca los miércoles, pero no le importará que adelantemos un día. Porque si no, ¿qué hacemos con la Virgen a cuestas toda la santa tarde? Usted no querrá que vayamos a ver al muerto con la Moreneta, ¿verdad? ¿Está enfadado conmigo, inspector?

El inspector caminaba balanceándose un poco y con la cabeza levemente echada hacia atrás, los ojos entornados. No atendía pero era consciente de la mirada torva y otra vez estrábica de la niña; un modo de mirar, a ratos, que percibía a su vera como un silbido de serpiente. «No si te portas bien», dijo.

Escuchó sus explicaciones acerca de la capilla y la Congregación del *Virolai Vivent* fundada por la directora y las beatas de Las Ánimas; siete feligresas ricas de la parroquia, una por cada día de la semana, hospedaban en su casa a la Virgen durante veinticuatro horas; ponían la capilla en el comedor o en la alcoba y rezaban y cantaban en catalán a su Moreneta y a su Montaña Santa con la familia reunida y como de amagatotis, con miedo y hasta llorando de emoción, ella lo había visto. Le mostró al inspector la ranura en la capilla, como en las guardiolas, y el cajoncito cerrado con llave, que guardaba la directora; allí las congregantas y sus amistades depositaban centimitos y sentimientos, oraciones y calderilla para las huerfanitas, la voluntad.

El inspector se dio cuenta que se dejaba llevar otra vez. Las manos cruzadas a la espalda, caminaba despacio junto a la niña y su parloteo melifluo, acorde con esta ronda soleada y sus meandros y con la tarde que empezaba a teñirse de rosa, como si regresaran los dos de un tranquilo paseo por el parque Güell.

—Gente del puño —decía Rosita, y precisó—: Quiero decir por lo agarrada, no por lo otro… Aunque no crea, hay semanas que nos sacamos hasta quince pesetas.

—Sé muy bien quiénes son. —El inspector sopesó su vieja y mermada intolerancia—: Habría que dinamitar esa montaña.

—¡Ande ya! Es usted más tonto que un repollo…

—¿Falta mucho?

70

–Con lo bonita que es para ir de excursión. Una vez fuimos con las catequistas y había mucha niebla y entremedio rayos de sol, era fantástico, y conocimos a un chico rubio y guapísimo que acababa de escalar el pico más alto. Y cortamos brazadas de ginesta así de grandes...

–Digo que si falta mucho.

Rosita se paró.

–Tenga un momento, haga el favor. El inspector le sostuvo la capilla mientras ella tironeaba sus calcetines a la pata coja, y notó el vaho caliente de sus cabellos prietos, un suave olor a vinagre–. Cruzaremos el Valle de la Muerte y llegaremos antes.

Recuperó la capilla y siguieron andando. Luego preguntó:

–¿Y allí nos espera alguien, inspector?

Él la miró de reojo esbozando algo parecido a una sonrisa.

–El muerto.

–Oiga, esto no tiene gracia. Digo alguien que le pueda reñir a usted por llegar tarde. Un superior.

El inspector meneó la cabeza.

–No lo sé.

Iban por una acera desventrada que olía a mierda de gato. Debajo de los viejos balcones florecía una lepra herrumbrosa y hacían nido las golondrinas. Algunos zaguanes profundos y oscuros exhalaban un tufo perdulario, a dormida de vagabundos. Sentado en una esquina, un joven ciego estiraba el cuello voceando cupones con la mirada colgada en el vacío. Rosita giró a la izquierda y empezaron a cruzar la gran explanada roturada de senderillos entre suaves lomas de escombros y matorrales secos. Habían demolido el edificio en ruinas y sólo quedaba en pie un muro chamuscado por el humo de las fogatas.

Aquí fue, pensó el inspector, y miró a la niña que caminaba animosamente a su lado: volver al escenario de su desgracia no parecía afectarla lo más mínimo. «Por aquí se acorta la mar», dijo Rosita, «y además pasaremos por delante de la churrería.» Avanzaban por un erial y dejaron atrás dos altas palmeras y una higuera borde de tronco reseco tatuado con flechas y corazones. Junto a la alambrada de espinos medio abatida, un vagabundo enfundado en un abrigo negro empujaba un desvencijado cochecito de niño. Más lejos, detrás del último terraplén y en la linde del descampado, la solitaria churrería de tablas grises se escoraba hacia poniente como por efecto de un vendaval. «¿Me convidará a churritos, inspector? Tengo hambre», dijo Rosita. Se cruzaron con un hombre presuroso que iba en pijama y zapatillas, con una sobada gabardina echada sobre los hombros y la cabeza de zepelín totalmente vendada; parecía escapado de una clínica y sobre la profusión de vendas mal fajadas llevaba gafas oscuras. «El Hombre Invisible», se rió Rosita, y vio que el inspector consultaba su reloj una vez más.

–Bien pensado, podría ahorrarse usted el paseíto –dijo–. También son ganas de caminar. ¿Por qué no me espera delante del metro, en el bar del Roxy?

El inspector la miró de refilón con el ojo descreído.

–No te hagas ilusiones. No vas a librarte de mí.

–Si no es por eso. Si yo le agradezco la compañía. –Se colgó de su brazo y brincó cambiando el paso, acoplándolo al suyo. La calderilla tintineó en la hucha de la Virgen y en su mente–. Mal negocio haremos hoy. Pero el muerto es lo que me angustia. El muerto ese.

Inclinado en el terraplén, el esqueleto oxidado de un camión militar hundía el morro en una charca reseca. En el costillar de la caja desfondada se cobijaban media docena de trinxas descalzos y de cabeza pelona esgrimiendo espadones de madera. «Hasta aquí llegó la guerra», comentó la niña señalando el espectro carcomido del camión: «Dicen los chicos de por aquí que era ruso y que iba cargado de latas de carne y de cartucheras con balas. Y si les dices que no, que eso es un cuento chino que se han inventado, te acorralan y te atan al camión con una cuerda y te desnudan todo el rato con sus ojos cochinos...».

El inspector sonrió. Conocía el ritual colérico, el código de trolas infantiles que aún regía en esta calcinada tierra de nadie. Entre los hierros retorcidos de la cabina crecían cardos y ortigas. La pertinaz sequía, que duraba ya meses, rajaba la tierra arcillosa y rojos brocados de polvo cubrían rastrojos y desperdicios. Un paisaje podrido que fatigaba la imaginación. El inspector tuvo la extraña sensación de partirse en dos, como cuando el gélido testículo se le disparaba vientre arriba hasta alojarse en su estómago artificial, supuestamente de hierro; la mitad jubilada de su cuerpo iba del bracete con esta niña solitaria y embaucadora y la otra mitad yacía en alguna parte con el caramelo letal incrustado en la sien… Se paró en seco y Rosita aprovechó para cambiar la capilla de cadera y ponerse al otro lado.

–¿Qué le pasa, está cansado? ¿Otra vez la pata?

–No.

–¿Tiene hambre?

–No.

Merodeaba en torno a la churrería un gato famélico. Rosita se acuclilló y le habló. El inspector compró churros. «Con mucho azúcar», dijo ella. Él no los probó. Cargó con la capilla un trecho, por calles sin asfaltar, solitarias y umbrosas, mientras ella daba buena cuenta de los churros.

–Me acuerdo aquella vez que fui a limpiar a su casa de usted, antes de que se llevara a la Pili –dijo Rosita. Sacaba los churros del cucurucho con sumo cuidado para no despojarlos del azúcar–. Había un gato negro que dormía en la alfombra del dormitorio. Y en la mesita de noche su señora tenía revistas de labores y una rosa blanca en una copa muy alta. Y una foto de novios de usted y la señora Merche en un marco de plata muy bonito, juntando las mejillas. Era un pisito de ensueño… Ya hemos llegado.

Se paró delante de una pequeña verja. Detrás había cuatro escalones en descenso forrados de hojas de eucalipto.

74

–Aquí sí que es buena gente –dijo la niña relamiéndose los dedos–. La señora Espuny es muy devota de la Moreneta; aunque no cree en los obispos ni el Papa y es muy criticona con las solemnidades de la parroquia. Dicen que su marido se fugó a Francia con un sacristán mariquita...

–Anda, no seas gansa. –El inspector le devolvió la capilla–. Y no tardes.

–Yo que usted me daría una vuelta. –Rosita empujó la verja sonriéndole por encima del hombro–. No me escaparé. Si quiere puede vigilarme paseando por la acera, me verá en el jardín con Arturito. Es fatibomba y está un poco ido. Ahora le ha dado por entretenerse con los bolillos, y vaya tostonazo me da el niño. Lo peor es cuando tengo que bañarle, pesa como un elefante.

–Vete ya, cotorra.

La torre se asentaba un par de metros por debajo del nivel de la calle y a lo largo de la acera corría un murete con reja en puntas de lanza. El inspector veía el descuidado jardín y al rollizo inválido enfundado en un albornoz blanco, sentado bajo el eucalipto y con las muletas en el suelo. El largo cojín acribillado de alfileres se apoyaba precariamente en el tronco del árbol y en su regazo, y él inclinaba reverencialmente la avejentada cabeza sobre el encaje de nieve, con aplicación y esmero, pero los bolillos se le enredaban entre los gordezuelos dedos y gemía de impaciencia.

El inspector se paseó arriba y abajo por la acera. Aullaba

un perro rabioso en su memoria y en este jardín. El joven bobo tenía una cara gris y redonda de porcelana vieja con miles de fisuras. Rosita sacudía alfombras en la galería con un pañuelo verde atado a la cabeza, trajinaba cubos de agua que vaciaba al pie de un laurel y de vez en cuando atendía al muchacho, embarullado con sus bolillos y alfileres. Al fondo del jardín, en medio del estanque ruinoso y semioculto tras la maraña de hiedra, se erguía una descalabrada reproducción en miniatura de la montserratina montaña forrada de musgo y cagadas de paloma. El singular ornamento mostraba un completo abandono; desde la boca del surtidor, camuflado en el pico más alto, se deslizaba por las laderas un agua verdosa y pútrida.

El inspector se ausentó del mirador una sola vez para tomarse una cerveza en la taberna más próxima y orinar. En los meandros más antiguos del barrio convalecían decrépitas villas herméticamente cerradas y flanqueadas de chabolas. Estampillado en las esquinas, el Peñón sangraba con el puñal inglés clavado.

Al volver vio a Rosita sentada muy tiesa en la silla del muchacho, el cojín entre los muslos y los bolillos repicando en sus manos rojas. A su espalda y de pie, apoyando codos y barriga en sus hombros, Arturito recibía la lección práctica dejándose resbalar un poco, como desfalleciendo. Se tambaleó el cojín y Rosita lo controló encajándolo mejor, abriéndose más de piernas y desatendiendo la falda. El gordo palmoteó riéndose. En alguna perrera no lejos de allí ladraba una jauría.

El inspector flexionó el hombro izquierdo para acomodar la funda sobaquera y sintió otra vez en la nuca la mirada picajosa de la señora: «Yo no sé nada. Registre la casa, si quiere», dijo sujetando todavía al perro, y él se volvió a mirarla junto al estanque: «Su marido es un renegado hijo de puta y un masón», repitió su misma voz de entonces.

El inspector se restregó el párpado tembloroso con la uña del pulgar. Un viejo pordiosero tambaleándose al borde de la acera, bajo los plátanos frondosos, se echó trabajosamente a la espalda un saco con ruido de quincalla; no se decidía a cruzar la calle, o no se atrevía. En el jardín, la dueña de la casa repitió con la voz quebrada, pero arrogante: «El meu marit és a l'exili». El idiota jugaba debajo del laurel con estampitas y moneda en desuso. La señora sujetaba al pastor alemán por el collar, pero no hizo nada por acallar sus ladridos. «Haga el favor de decirle a su perro que me ladre en cristiano», bromeó el inspector, y pateó el hocico del animal. «No lo toque», respondió ella.

También recordaba que, después de registrar la torre, sólo encontró una docena de Boletines de Información del consulado inglés con noticias sobre el avance aliado en el sur de Italia. «Acompáñeme a la comisaría, se va usted a enterar», le dijo.

El inspector volvió la espalda al jardín y al apagado fulgor de la tarde que se iba. Tenía las voces de ayer y la escandalosa perrera en la cabeza. A unos veinte metros, el mendigo parecía disponerse por fin a cruzar la calle solitaria; desde el bordillo tanteó el aire con la mano renegrida y empezó a desplomarse despacio con su ruido de latas y cacerolas a la espalda. Antes de dar en el arroyo, el inspector alcanzó a sujetarle por los sobacos. Una ráfaga de viento alborotó las hojas de los plátanos y trajo la risa espigada de Rosita. El inspector sintió que en torno suyo se rompían las costuras del día.

6

Volvió a él cansinamente, la capilla en la cadera y pelando una mandarina.

–Aquí me tiene. –Caminó a su lado sin mirarle–. ¿Se ha aburrido mucho?

El inspector consultó su reloj. «Un viejo se desmayó en la calle y lo llevé al bar», dijo. Rosita miraba con fatiga los jardines solitarios y descuidados tras la reja interminable. Florecían los rosales entre las lanzas herrumbrosas.

–¿Ha visto a Arturito, qué fati? Es un niño fenómeno. Si lo viera usted cuando lo enjabono. Flota en la bañera.

Sus ojos interrogaban el aire remansado bajo los tilos sombríos, las pérgolas arruinadas y los torcidos columpios sin niños. Traía los dedos baldados, las rodillas como ascuas. De vez en cuando agitaba los codos aireándose los sobacos festoneados con la pálida media luna de sudor.

–¿Cómo puedes manejarlo? –dijo el inspector.

–Aquí donde me ve, tan esmirriada, soy muy fuerte. Le doy polvos de talco y lo hago rodar sobre la cama como un barrilito… Este jardín lleno de lilas me enamora.

Se veía yendo y viniendo en el aire con sus largas trenzas flotando y su querida rebeca de angorina azul: «Un día entré a columpiarme un rato». Se preguntó por qué el inspector no le metía bulla. Desgajó la mandarina y comía deprisa. Olía los gajos antes de metérselos en la boca.

–No me digas que este trabajo te gusta.

–¿Y a quién le gusta su trabajo? ¿A usted le gusta el suyo?

El inspector guardó silencio y Rosita añadió:

–Tengo que pedirle un último favor.

–Por hoy ya está bien. Te has ganado el jornal, de verdad. –Miró la capilla en su cadera–. ¿Todavía con eso? ¿No ibas a dejarlo?

Rosita suspiró.

–La señora Espuny dice que no; que su día es mañana y quiere a la Virgen mañana. Probaré a dejársela a la señora Guardans, que le toca el jueves. Vive por Can Baró. ¿Le importa que pasemos un momento por su casa?

–Esto va a ser el cuento de nunca acabar.

–Diez minutos, va. Y me salto dos faenas por ir con usted, no crea.

Restregó los dedos en sus cabellos y dijo: «Mecachis, es que pesa como el plomo esta Moreneta, en algún sitio hemos de dejarla… ¿No cree?». Hurgó en el capacho y cayó al suelo un billete azul y lila de quinientas pesetas. Se agachó a cogerlo, lo juntó con otro de mil y los dobló cuidadosamente.

–¿Quién te dio eso? –preguntó el inspector.

–Arturito.

–¿Y para qué los quieres? No valen para nada.

–Hago colección. Algún día pueden valer otra vez, nunca se sabe.

Guardó los billetes en el capacho, descabalgó la capilla de su cadera izquierda y la pasó a su derecha. «Y aunque sea dinero rojo no está prohibido hacer colección, ¿sabe?» Al poco rato añadió:

–Podríamos ir por el Camino de la Legua.

Volvían a remontar Cerdeña por la acera más viable y vieron salir de un portal a una monja limosnera bajita y muy anciana. Rosita la conocía y corrió a besarle la mano; le enseñó la Virgen abriendo las puertas de la capilla y charlaron muy animadas. El inspector siguió un trecho solo y luego se volvió a mirarlas y esperó. Sonriendo y bisbiseando, la monjita depositó unas monedas en la hucha de la capilla. Entonces, surgiendo de la esquina, se acercó a ellas el paseante accidentado, alto y flaco, con vendajos en la cabeza y la gabardina sobre el pijama, y se inclinó hasta casi tocar el suelo besando la mano de la monja; acarició luego la mejilla de la niña y farfullando zalamerías a través de la venda introdujo en la ranura de la capilla lo que parecía una mugrienta peseta de papel plegada varias veces y reducida al tamaño de un sello de correos. Repitió el besamanos con respetuosa humildad y se fue por donde había venido. Poco después, Rosita se despidió de la monja y alcanzó al inspector.

—Es la madre Asunción, del convento de las Darderas —dijo—. ¡Es de buena! Siempre nos da algo, además de consejos.

—¿Y este chalado?

Rosita se rió.

—No sé, un devoto espontáneo. Hay mucha gente devota de la Moreneta. ¿Ha visto qué díver, ha visto cómo va vestido? Dice que lo atropelló un tranvía, que está en la clínica y que ha salido a pasear. No sé si me ha echado una pela o una estampita. Los hay que sólo dan estampitas.

El inspector reconoció al niño que corría calle abajo por la otra acera como si lo llevara el diablo; corría a tal velocidad que el aire inflaba su larga y desastrada americana negra y parecía que iba a arrebatársela del torso escuálido y lampiño; las mangas flotaban vacías a su espalda y batían al viento como crespones negros. «Ahí va Matías», dijo Rosita, «ya habrá hecho alguna de las suyas.» Antes de remontar el último trecho empinado de la calle, giraron a la derecha por un callejón de tierra blanquecina y ondulada como una tabla de lavar.

—Pues así como está, sin remos, que dice él —añadió Rosita—, debería usted verle tocando la armónica. La sujeta con los dientes. Lo malo es que es tan pequeñita, que un día se la va a tragar.

82

–Este chico debería estar en la escuela.

–¿Y qué iba a hacer en la escuela sin poder manejar el lápiz ni el pizarrín? ¿Y qué mano pondría para recibir las palmetadas del maestro? –inquirió Rosita muy sorprendida–. Sus hermanos tampoco van a la escuela. Los domingos, en la escalinata de Las Ánimas, a la salida de misa –le explicó al inspector colgándose de su brazo–, los hermanos Jara piden limosna a las señoras y cantan acompañándose con la armónica. El *Trío Clavagueras*, los llaman. Se inventan canciones de pedir y tienen un repertorio muy bonito; hay una que es de morirse de risa, pero ésa no la cantan a la puerta de la iglesia porque es una cochinada.

Se mordió el labio desenfadado y prosiguió:

–Una que dice… ¿quiere oírla? Huy, me da vergüenza.

–¿Vergüenza tú?

La niña se soltó de su brazo y caminó de espaldas, desafiándole con la sonrisa torcida. Tendió la mano mendicante frente al inspector y entonó bajito, la voz purulenta:

Caritat, caritat, senyora;
caritat pel meu germà
que va néixer sense braços
i no se la pot pelar.

En su boca grande plagada de calenturas del sur, el idioma catalán era un erizo. El inspector le afeó el lenguaje procaz.

—A ver si te doy un bofetón, a ver.

—Cantan a dos voces y sin desafinar. La mar de bien. Ahora que a mí, la que me gusta es *Perfidia*. ¡Es tan romántica! Venía en un cancionero que usted nos regaló por Navidad, ¿se acuerda?

—No.

El Camino de la Legua serpenteaba entre altas tapias semiderruidas a lo largo de más de un kilómetro, hasta alcanzar la falda del Guinardó orlada con volantes verdes de pitas y chumberas y franjas de tierra caliza. A sus espaldas, la ciudad se apretujaba hacia el mar bajo una lámina rosada y gris. Rosita divagaba en torno al futuro musical del *Trío Clavagueras*; si supieran solfeo podrían ganar concursos en la radio y se harían famosos y ya no tendrían que andar por ahí con el saco a la espalda acorralando gatos y escarbando basuras.

—Cazan gatos y palomas —añadió—. Los gatos los desuellan y los venden como conejos. Hay gente que está ciega, ¿no cree?

El inspector se encogió de hombros. Había visto mucha basura en esta vida y a mucha gente que no quería verla.

—¿Y las palomas? —preguntó.

—Se las comen en casa. Me han regalado alguna… El sereno de mi calle, el señor Benito, me las compra. Pero las quiere con balines y calentitas, si no nada. Sabe mucho de palomas. Rasca la cera del pico y conoce si ha muerto hace días.

De los tres hermanos, el más cariñoso con ella era Matías, el niño sin manos. «Dice que siempre sueña que está delante de un espejo poniéndose una corbata y que el nudo le sale tan bien.» Tenía ese chico una manera de mirarla que era como si la tocara. Y más que eso: un día que lo tenía a su espalda, en casa de la *Betibú*, sintió que le pellizcaba el pompis. Incluso lejos de él, en la Casa y de noche, acostada en el camastro con Lucía y las dos sin poder dormir, alguna vez había notado las manitas muertas de Matías reptando por su entrepierna. Su compañera de cama se estremecía de miedo y las dos se abrazaban pataleando. Ciertamente habían sido manos tiñosas y furtivas como ratas de cloaca, y el niño nunca las usó para nada bueno. Y ahora que ya no las tenía, se las reinventaba, limpias y calientes en el espejo del sueño, acariciando la corbata o la armónica, quizá reviviendo aquel fatídico instante en que se disponía a birlar el pisapapeles del escritorio del fiscal Vallverdú, segundos antes de la terrible explosión... Rosita remató sus fantasías con la guinda del rumor que en su día estremeció al barrio: las manos de Matías salieron volando por la ventana del despacho, cruzaron la calle la una en pos de la otra, como dos pájaros rojos persiguiéndose, y fueron a dar en el trasero de doña Conxa parada frente a la panadería.

El inspector se acordaba del suceso, pero no hizo ningún comentario. El chaval era un ratero y se buscó su propia ruina.

–La culpa fue del señor Vallverdú por usar una granada como pisapapeles –prosiguió Rosita–. Por muy recuerdo del frente que fuera, vaya. ¿A quién se le ocurre tener una bomba en la mesa del despacho? Esto sí que deberían ustedes prohibirlo. ¿No le parece?

El ilustre letrado siempre creyó que estaba desactivada, pensó el inspector. Menudo imbécil. Pero tampoco esta vez dijo nada. Su mirada errática se descolgó por la colina polvorienta siguiendo a un niño que se deslizaba taciturno sobre el culo, jugando solo.

–¿Qué le pasa? ¿No tiene ganas de hablar? –dijo Rosita–. Le estoy retrasando mucho y lo van a reñir por mi culpa… De verdad que lo siento. ¿Es muy tarde? ¿En qué piensa?

–No hagas tantas preguntas y camina.

Pensaba en este faenar ambulante y rutinario de la niña, en su maraña de presuntas obligaciones ineludibles, tretas y embustes destinados a retrasar la cita con el muerto.

–No es usted muy hablador –dijo Rosita.

–Es que me estás atabalando, niña. Pero te diré una cosa. Este trabajo no te conviene.

–¡Pues claro! ¡Qué bien! ¿Y sabe usted de otro mejor?

–Deberías dejarlo, te lo dije antes.

–¡Mira qué listo el señor! ¿Y usted por qué no deja el suyo?

–Hablaré con mi cuñada. Y no me atabales más.

–¿Ah no? Entonces me callo.

Dejaron atrás el viejo depósito de aguas y el cuartelillo de la Guardia Civil, luego el canódromo abandonado donde crecía una hierba alta y lustrosa peinada hacia el mar. La terraza de baile Mas Guinardó estaba desierta y las sillas de tijera plegadas y arrimadas a los cañizos. Flotaba en el aire perfumado un tráfago de toronjil y ginesta. Rosita acusaba el cansancio: «Luego cogemos un taxi, si usted quiere», propuso con desgana, aunque no le gustaba ir en taxi. «Me mareo. Es ese olor a cuero de los asientos», dijo, «como una catipén de culo de vieja, a que sí. Yo he tenido que lavar y acostar durante meses y meses a una abuela paralítica y sé lo que me digo. La señora Altisent olía a taxi, la pobre.»

Pasaron junto a las instalaciones deportivas del Frente de Juventudes con su chirrido de grillos y después del último repecho cruzaron la Avenida. El inspector jadeaba al llegar a lo alto. «Aquí es», dijo Rosita.

Era una torre gris en un jardín suspendido sobre la calle, tras un grueso muro de contención coronado de mimosas y laureles. Entre las desmochadas palomas de piedra arenisca que adornaban la cornisa, el inspector distinguió una paloma de verdad camuflada. Rosita tiró insistentemente de la cadena haciendo sonar la campanilla.

–Qué lata. No hay nadie.

Depositó la capilla en el suelo y recostó la espalda en la verja, suspirando.

–Y ahora qué –gruñó el inspector.

Sintió planear sobre su cabeza una pesadumbre alada y observó los árboles oscurecidos por encima del muro. La noche estaba al caer. Grabado en la piedra se leía: *Villa Assumpta*.

—¿Quién vive aquí? —dijo el inspector—. Vaya nombrecito. ¿También son de la *ceba*?

Rosita se encogió de hombros: «A mí que me registren». El inspector reflexionó. Cogió la capilla y la mantuvo bocabajo, sacó del bolsillo una navajita y con la hoja hurgó en la ranura del cajón. Rosita lo miró sorprendida:

—¡¿Qué hace?! ¡Eso está muy feo!

—¿De veras? ¿Tú no lo has hecho nunca?

Flotaba una sonrisa traviesa en su prieta boca de rana, la punta de la lengua porfiando en las comisuras. Hizo saltar de la hucha cuatro estampitas dobladas, evitando la calderilla; las desdobló, examinándolas. Eran de santos y en el reverso había anotaciones a lápiz: *Vale por 1 Pta. hasta la semana que viene*, y la firma. Algunas llevaban también oraciones y versos en catalán, estrofas de la *Santa Espina* y de canciones patrióticas. La estampita de San Antonio M.ª Claret estaba mugrienta y decía:

8 SOMISEREM 8.

—¿Qué coño significa esto?

La mostró a Rosita, que se encogió de hombros.

88

–No sé. ¿Una dirección?

El inspector meneó la cabeza pensativamente. Guardó la estampita en el bolsillo e introdujo las demás en la ranura de la capilla. «Estos cabrones beatos del Virolai», dijo con desdeñosa ironía: «Intercambian versitos y sardanas y juegan a conspiradores. Borricos». Tal vez convendría hacerles una visita, pensó.

Rosita lo miraba apoyando el mentón en la rodilla alzada, estirándose el calcetín.

–Esto que acaba de hacer no está bien y tendré que decírselo a la directora.

–Conforme. Ahora vámonos.

Le dio la capilla, pero ella no parecía tener prisa; la dejó en el suelo otra vez y se arregló el pelo.

–Y no llevaré a la Virgen a ver al muerto. Eso ni lo piense.

–¿No tienes otra casa donde dejarla, por aquí cerca?

–Sí, pero tendría que quedarme. –Miró con recelo al inspector, bajó la vista y añadió–: Y si la directora se entera me mata. Nadie sabe que voy a fregar a esta casa, y que lo hago sin cobrar… por hacerle un favor a una viuda anciana. Tiene una tabernita, y desde que murió su hijo no puede con todo. Y su nieto trabaja fuera… Es una obra de caridad.

El inspector captó un arrebol en sus mejillas.

–¿Una taberna? –Intentó leer en sus ojos esquivos–. Pero no atiendes el mostrador, supongo. No tienes la edad.

Ella negó con la cabeza y se quedó pensando.

–Bueno, podría acercarme un momento… Pero es mejor que usted no me acompañe. A la abuela no le gustaría verle por allí, y menos a esta hora.

El inspector la miraba inquisitivamente.

–¿Estás hablando de la vieja Maya y de su jodida barraca, debajo del Cottolengo? –sonrió con desgana.

–No es una barraca. Es un chiringuito muy limpio y muy apañado…

–No me digas que la ayudas a tostar café. Eso es ilegal.

Rosita pataleó, furiosa.

–¡¿De qué me habla?! Vámonos ya, ¿no tenía usted tanta urgencia?

–Quedamos en que lo primero es tu trabajo.

El caso es que ahora se sentía bien, vacío, un poco más soñoliento de lo habitual y arropado por una tarde perdida y ganada gracias a las artimañas de esta mocosa con calcetines. Observó al otro lado de la Avenida a una vieja enlutada que corría jovialmente con un saco en la cadera y una joroba que parecía postiza. Más lejos, una polvareda rojiza flotaba sobre las casuchas de tablas y latas. Por primera vez en mucho tiempo, el inspector moduló la voz con una afable y lenta pastosidad:

–Esa bruja, la Maya, tenía un tostadero clandestino en el huerto, detrás de su taberna. Recuerdo que en verano íbamos a tomar unos vinos, al salir de la comisaría, y el olor del torrefacto subía hasta el parque Güell… Si es por eso, puedes estar tranquila, nunca nos metimos con la vieja. No por su tostadero, vaya.

Rosita se agachó recuperando la capilla.

–Aun así, es mejor que usted no venga. –Echó a andar con paso desvaído–. Puede esperarme en la plaza Sanllehy, sentadito en un banco.

–Aguarda. Dame eso.

El inspector cargó con la capilla y retuvo a Rosita cogiéndola de la mano, que ella convirtió súbitamente en un puño crispado. Se había vuelto tensando el cuerpo, expectante, las nalgas respingonas bajo el vuelo retardado de la leve falda, y miraba con espanto la fachada de la torre. Desde la cornisa más alta, una paloma caía al jardín en picado. El inspector notó en el puño hostil el sobresalto de la sangre.

–¡¿Ha visto?! –exclamó Rosita–. ¡Una paloma suicida! ¡¿No se ha fijado?!

–Era de piedra –dijo él–. Estas torres se caen de viejas.

Obreros en bicicleta sentados al desgaire en el sillín, el hatillo colgado en el manillar, se dejaban ir por la pendiente de la Avenida con un rumor de palillos en las ruedas. El inspector evocó una pandilla de muchachos de cabeza rapada en sus viejas bicis, años atrás, lanzados a tumba abierta por la Carretera del Carmelo con calaveras en el manillar. Parados junto al bordillo, dos ciclistas mostraban su documentación a una pareja de grises. El puño caliente de la niña rabiaba en la mano del inspector. «No apriete, jolines», protestó Rosita.

El inspector la soltó. Caminaban deprisa. Si la verja estuviera abierta, pensaba ella, entraría a cogerla; no es de piedra, seguro.

–¿Usted no sabe que hay palomas que se suicidan, igual que las personas?

–No digas tonterías.

La capilla le oprimía la sobaquera y notaba las dentelladas en la axila. «Pues sí señor, es verdad, lo leí en un libro de un misionero de la China», decía Rosita: «Son palomas ciegas que no encuentran agua ni comida y por eso acaban tocadas del ala, quiero decir que se vuelven majaretas. Y un mal día, ¡zas!, no tienen más que plegar las alas y dejarse caer. ¿No me cree?»

Agachó la cabeza y se encogió de hombros:

–Todo lo que digo le parece una trola. A que sí.

–Más o menos.

Iba mirando el suelo y muy pensativa, y luego añadió:

–Es que estoy acostumbrada a hablar sola desde niña.

–Eso qué tiene que ver –gruñó el inspector.

Rosita sonrió aviesamente y afiló la voz, mirando al inspector de refilón:

–Soy una pobre huérfana que está sola en el mundo, señor.

El inspector chasqueó la lengua y durante mucho rato no volvió a hablar. Rosita añadió:

–Qué aburrido es usted, ondia. Qué tostonazo de tío.

Más adelante, Rosita comentó lo divertidos y deslenguados que eran los hermanos Jara. «Dicen cada cosa. ¿Usted sabe qué es una hipotenusa? ¿Y un cateto? ¿Y un cono, sabe qué es?»

El inspector resopló enarcando las cejas hirsutas y ella añadió:

–El cono es el conejito sin peluquín... Je je. ¿Lo entiende? A que es de mucha risa.

–A que te doy un sopapo.

–Usted perdone, usted perdone.

Pasaban frente a la iglesia de Cristo Rey y el inspector se paró trabando las piernas. Rosita dijo:

–¿Y ahora qué le pasa? ¿Tiene ganas de hacer pis?

–No. –Trasladó la capilla al otro costado, flexionó el brazo y siguió andando–. ¿Y desde cuándo conoces tú a esa vieja estraperlista?

Conocía a la abuela Maya de cuando ponía inyecciones, dijo Rosita, de aquella vez que ella se clavó en la pierna un clavo roñoso del bastidor de un decorado, en Las Ánimas, durante el ensayo de la función; corriendo llamaron a la abuela para que le pusiera la inyección del tétanos. «De todas las casas donde voy a pencar, la suya es la única donde de verdad de verdad me necesitan. Además, resulta que somos parientes lejanos; dice que ella era prima segunda de mi abuelo, así que es tía-abuela mía, y su nieto y yo venimos a

93

ser como primos, ¿no? Llegaron a Barcelona hace treinta años por lo menos, y su hijo, el que murió, era limpiabotas… Dicen que murió en la cárcel.»

Alumbraban ya las farolas de la plazoleta central y aún había viejos platicando en las escaleras y en los bancos de piedra. Los gorriones alborotaban en la fronda de los plátanos buscando acomodo. Rosita bebió en la fuente y lanzó serpientes de agua con la palma de la mano salpicando los zapatos del inspector. Desde la ladera oriental del Carmelo llegaban ecos del griterío infantil, de petardos, toques de cornetín y trallazos como de cinturón. Por encima de la Montaña Pelada se balanceaban en el cielo cuatro quebrantadas cometas de fabricación casera, sombrías y grávidas, alineadas contra el resplandor del ocaso como estandartes guerreros.

Rosita indicó al inspector el banco de madera.

–Puede esperarme aquí y descabezar un sueñecito…

–Iré contigo.

–Que no puede ser, caray. ¿Qué pensará la abuela si me ve llegar con un policía?

–Nada. Ya te he dicho que me conoce.

Lo invitaría a una copa de coñac, como hacía antes; en alguna ocasión incluso lo había obsequiado con una bolsita de café bien tostado. Rosita lo interrumpió nerviosa: «Usted cree que me quiero escapar de ver al muerto, pero le juro que no. Se lo juro», y se persignó trazando un furioso garabato. Prometía volver antes de media hora y dejarse llevar al Clínico, aunque allí le diera un patatús al ver al muerto; que seguro que le daba.

—Pero ahora déjeme ir sola —suplicó—. Por favor.

El inspector miró en torno suyo con creciente desasosiego. Se acercó al banco y Rosita lo siguió.

—Es que no me fío. Me has estado liando toda la tarde.

La niña lanzó un bufido y giró sobre los talones como una peonza. «No se me ponga cascarrabias otra vez, que le dejo plantado con su fiambre, ¿estamos?», dijo mirando al otro lado de la plaza. Había hombres charlando frente a la taberna de la esquina y entre ellos el inspector reconoció al carbonero de recta espalda y relamidos cabellos que horas antes estaba en la calle Laurel. Apoyaba un pie en la carretilla y liaba con parsimonia un cigarrillo.

—Muy bien —masculló Rosita dejándose caer sentada en el banco—. Pues se acabó. No vamos a ninguna parte.

Sacó del capacho el cuaderno de la Galería Dramática Salesiana y lo abrió de un manotazo:

—Estudiaré un rato mi papel, luego iré al ensayo y adiós muy buenas. Ya pueden irse a hacer gárgaras usted y el muerto.

El inspector puso la capilla sobre el banco y se sentó a su lado, encorvado y apoyando los codos en las rodillas. Ella se corrió hasta el extremo buscando la luz mortecina de la farola y simuló enfrascarse en el cuadernillo: «Podéis segar la flor de mi vida…». El inspector se convirtió en una sombra expectante bajo las ramas del cedro, agazapado al borde del banco como un corredor escéptico y gordo esperando la señal de salida. Rosita lo escrutaba con el rabillo del ojo, pero durante un buen rato él no habló ni cambió de postura.

Después el inspector dijo, sin la menor acritud:

–Qué manera de perder el tiempo.

–Podéis segar la flor de mi vida –leyó Rosita con la voz cremosa, y alzó los ojos memorizando–: …de mi vida, poderoso procónsul, pero jamás la de mi alma. Pero jamás la flor imparecedora de mi alma…

–Será imperecedera –gruñó el inspector.

–Esta palabra nunca me sale.

El inspector se deslizó sobre el banco acercándose a ella.

–Trae acá. –Le quitó el cuaderno–. A ver si te lo sabes de memoria.

–No necesito su ayuda para nada. Además, usted no entiende de eso.

En el banco de enfrente, un viejo escupía entre sus pies con reverencial lentitud, uncidas sobre el bastón las manos decrépitas. Hojeando el cuaderno, el inspector configuró a la niña mártir que se alza contra el procónsul Daciano, enemigo acérrimo de los cristianos. Eulalia lleva panes escondidos en el delantal para dárselos a los pobres y, al ser descubierta, los panes se convierten en rosas. Rosita dijo que esta escena ya se la sabía.

–El final del último acto sí que es difícil –añadió todavía enfurruñada–. Yo vivo en Sarriá, el barrio elegante, y mis papás son muy ricos. Me rebelo contra el imperio romano. Me estoy muriendo en la plaza del Padró amarrada a un poste, después del tormento, y, al soltar el último suspiro, me sale una paloma blanca de la boca.

–Veamos si te lo sabes bien. Yo te sigo.

–Si me equivoco, avise.

Rosita enderezó la espalda, moduló una impostura en la voz y el recitado alivió momentáneamente las calenturas de su boca. Antes de expirar, Eulalia evocaba todos sus martirios elevando los ojos al cielo: la habían azotado y desgarrado el cuerpo con garfios, habían quemado las plantas de sus pies en un brasero, habían puesto brasas sobre sus pechos y sal en sus heridas, la habían arrojado a un recipiente de cal viva...

El inspector la interrumpió:

–Deberías disimular ese acento andaluz. Pareces una santa Eulalia del Somorrostro.

–¡Y usted es más soso que una calabaza!

La rociaron con aceite hirviendo, la hicieron rodar cuesta abajo dentro de un tonel lleno de vidrios, la encerraron en un corral plagado de pulgas furiosas y la pasearon desnuda por toda Barcelona en una carreta tirada por bueyes.

–Vaya.

–Y el hijo muy amado del procónsul Daciano –prosiguió

ella– me ha querido enamorar para que reniegue del Dios cristiano, pero yo con mi fe la palma del martirio he ganado. Fin.

El inspector cerró el cuaderno y lo devolvió a Rosita con gesto displicente. El martirio de esta señorita de Sarriá le parecía idiota e improbable y la función muy poco apropiada para niñas. «Te lo sabes», dijo, «pero hablas como una furcia y no como una santa.» Cruzó las manos sobre la barriga y entornó los ojos.

–¡Y usted no tiene sensibilidad de poesía ni de ná! ¡Usted hoy se ha levantado de mala uva y con la idea malaje de llevarme a ver a un muerto…!

El inspector miraba escupir lentamente a los viejos en el umbral del sueño.

–Yo no quería llevarte a ningún lado, hija –dijo sosegadamente–. Yo hoy quería pegarme un caramelo en la cabeza.

–¡Pero qué rarito es usted, ondia!

–Está bien, vete –dijo de pronto–. Anda, vete. ¡Fuera!

Rosita se levantó de un salto y cargó con la capilla. «No tardaré, de veras», dijo sin contener su alegría y echando a correr.

El inspector dejó caer los párpados de plomo, se recostó contra el respaldo y estiró las piernas. No estuvo al tanto cuando cerró la noche, cuando los viejos se levantaron del banco para retirarse a sus casas, no los vio orinar furtivamente entre las matas de adelfas, los bastones engarfiados al cuello y riéndose, achuchándose como niños. En cierto momento soñó que soñaba la proximidad burlona del carbonero errante; pasaba ante él envarado como un mequetrefe pirata negro, pañuelo tiznado en la frente y sonrisa de plata, empujando la carretilla y mirándole socarronamente por encima del hombro con sus amarillos ojos de mono…

Instintivamente tanteó la sobaquera bajo la americana y se incorporó mirando el reloj. ¿Las nueve y media? A pocos metros, un perro flaco y tiñoso arqueó el lomo vomitando sobre el polvo una plasta negra; la removió con la zarpa, la olfateó y se la volvió a comer. El inspector ladeó la cara y vio en el extremo del banco, a la luz cada vez más débil de la farola, las rodillas maduras de la niña. Resabios mentales del oficio, su olfato de viejo sabueso o simplemente el hábito de malpensar engarzaron en su conciencia aún embotada, una tras otra, fugaces visiones del esbelto cuello y su estigma sanguíneo, de los tobillos rasguñados y de la boca llagada.

Se fue con paso enérgico, los talones rebosantes de hormigueante gaseosa, espoleado por un presentimiento de ofuscación y desorden.

7

–Usted a despachar, abuela –dijo Rosita–. El bar es lo primero.

–Ahora no hay nadie –replicó la vieja Maya entrando en el cobertizo–. Tendrás hambre.

Dejó en el suelo el cubo de agua y la frazada y sacó del bolsillo del delantal un bocadillo de sardinas de lata que dio a la niña. Era una anciana menuda y fibrosa con la cara de bronce y la cabeza canosa. «¿Has ajustado bien el peso del azúcar?», preguntó examinando las pesas en el platillo de la balanza. La luz azulada del petromax emitía un silbido rencoroso.

–Lo pesó Rafael –dijo Rosita.

Sin dejar de comer ni de darle a la manivela de la tostadora, Rosita empujó una tea con el pie arrimándola al fuego. Con la otra mano, la del bocadillo, remetió un mechón de cabellos bajo el pañuelo que le cubría la cabeza. Su rostro brillaba de sudor al resplandor de las llamas. La abuela salió del cobertizo llevándose las balanzas y volvió a cruzar el pequeño huerto de tierra negra y corrupta que apestaba la noche. La niña la vio rodear el bancal de lechugas y entrar en la cocina, en la trasera del chiringuito techado de uralita. La luz que salía de la puerta bañaba un cuadro de habas floridas donde revoloteaba una mariposa blanca.

Rosita cambió la manivela de mano y se subió las mangas del sucio guardapolvo. Detrás, al fondo del cobertizo, el carbonero volcó la carretilla y el saco. Abrió el saco, llenó un capazo de carbón y lo llevó junto al fuego. Rosita apoyó la mano en su hombro ofreciéndole el último bocado.

–Ya verás, primo –dijo amohinada–. Un día alguien se chivará, y verás la que nos monta la abuela.

–La clientela es de confianza –dijo él–. Yo me encargo.

Se puso en cuclillas y atizó el fuego con un palo. Tenía un vaso de vino en el suelo y bebió un sorbo. Ella no soltaba la manivela, encorvada y atenta a la esfera de hierro que daba vueltas y vueltas lamida por las llamas. Dentro del tambor, la masa de café y azúcar giraba con un rumor de olas en una playa pedregosa. «¡Ostras, vaya tardecita que llevo!», suspiró Rosita.

Al otro lado del huerto, en la puerta de la cocina, asomó un taburete y detrás un hombre delgado con gorra de tranviario y un botellín de cerveza negra en la mano. Se sentó en el taburete y apoyó la espalda en el quicio de la puerta mirando trabajar a los primos.

Poco después, Rosita lo vio frotarse la bragueta con el botellín. Parecía joven. «Es el mismo de la semana pasada», murmuró el carbonero. Rosita se encogió de hombros: «Mejor malo conocido que bueno por conocer. Eso dicen, ¿no?». Sintió un regusto a hiel en la garganta y no anduvo muy ligera al cambiar la manivela de mano.

–No la sueltes ahora o se formará una plasta –dijo su primo–. Ya falta poco.

Atizó el fuego, dispuso el cedazo grande en el suelo y colocó a su vera dos rastrillos de mano. Se puso los andrajosos guantes negros que llevaba prendidos en la faja y luego apoyó distraídamente el brazo en el hombro de Rosita, mirando el fuego con fijeza.

–Lo haces muy bien.

Ella frotó la mejilla encendida contra el brazo tiznado. Al poco rato dijo:

–Rafa –y se quedó pensativa–. Hoy estoy baldada. Y lo peor no es eso. Lo peor es el muerto.

–No vayas. Manda al carajo a ese matón.

–Tengo que ir –y vio al inspector agazapado al borde del banco, solo, la cabeza abatida sobre el pecho–. Pobre hombre. Su mujer está de él... Dicen que lo va a dejar.

–Me cago en sus muertos, Rosi. Que se joda.

Cuando menguaron las llamas y quedó la brasa, arrojó unos puñados de carbón. Rosita sintió un frío en la espalda. «No lo entiendes», dijo: «Estoy todo el rato pensando en ese fiambre que está esperándome allí, con la cara espachurrada... ¿Cómo podría hacerlo hoy, sabiendo que tengo que vérmelas con un muerto de cuerpo presente? ¡Brrr...!». Miró el perfil de su primo y adivinó la mueca de contrariedad bajo la máscara de hollín.

–No pienses más en eso –dijo él–. Piensa en otra cosa.

Tenía la voz cremosa como los curas cuando la confesaban, y eso a ella le gustaba.

–Sí, se dice muy pronto.

–No vamos a perder unos cuantos duros por esa tontería. Sólo tenemos un día a la semana.

Cogió el vaso del suelo y se humedeció los labios. Le dio el vaso a ella y dijo: «Descansa un poco», y la reemplazó en la manivela. Rosita se desperezó, observó al cliente sentado a contraluz y sorbió un poco de vino, pero lo escupió con la risa: «Se me está pudriendo la boca, niño». En sus pupilas brillantes chispeaba la doble imagen diminuta y roja de las brasas. «¿Has visto?», añadió: «Está refregándose el *quinto* por aquí».

Su primo se apartó, entregándole otra vez la manivela. «Avisa cuando la sientas pesada», dijo señalando la esfera, y se encaminó hacia la capilla, el capacho y la ropa de Rosita plegada en un rincón del cobertizo. Cogió la capilla, volteándola, y con una horquilla hurgó en la ranura hasta hacer saltar unas monedas que recogió. Rosita lo miraba con ojos mohínos: «No hay casi nada. Lo van a notar», y de pronto sintió que el contenido de la esfera se apelmazaba y aumentaba de peso.

–¡Deprisa! –dijo–. ¡Se va a pejuntar!

Él dejó la capilla y corrió a situarse al otro lado del fuego, agarró con ambas manos enguantadas el eje saliente de la esfera y dijo: «Ahora». Rosita no había parado de hacerle dar vueltas a la esfera y cuando la apartaron de los soportes aún rodaba en el aire. Él hizo saltar la clavija y el tambor se abrió derramando sobre el cedazo el humeante torrefacto.

Su intenso olor azucarado atenuó la fetidez que provenía del huerto. Con el rastrillo, durante un buen rato, Rosita esparció por todo el cedazo la plasta negra evitando que al enfriarse quedaran grumos; la olfateó, escogió un grano gordo y charolado y se lo metió en la boca.

–Ya vale, déjame a mí –ordenó Rafa, y miró al hombre sentado al otro lado del huerto–. Ve a lavarte.

Rosita soltó el rastrillo. Acuclillada, miró a su primo con una sonrisa afilada y se dejó ir lentamente hacia atrás, apoyando el trasero en los talones. El grano de café y una crispada ensoñación crujían en su boca enferma.

–¿Vendrás?

–Que sí –dijo él de mala gana.

–Entonces prefiero lavarme después.

–Estás empapada. Pillarás un resfrío.

–Ojalá y me muera, primo –dijo Rosita con la voz inerme–. Ya sé que no me echarías en falta, ya sé…

–Paloma, qué cosas dices.

Estiró el brazo y rozó su mejilla arrebolada con el guante tiznado. «A éste ya lo conoces, es un amigo», añadió: «Luego vendrá su paisano. Es buena gente, no irás a decirme ahora que te dan maltrato».

Rosita llenó sus pulmones del aroma dulce y clandestino del café y se incorporó. «Hago por no enterarme», dijo resignada. Cogió el cubo de agua y la frazada y se dirigió lentamente a la trasera del cobertizo.

Extendió la frazada sobre la hierba mustia, se sentó, pegó la espalda a las tablas y se quitó el pañuelo de la cabeza. Mientras se desabotonaba el guardapolvo, la memoria sumisa de su cuerpo identificaba otra vez el canto rodado y la depresión del terreno bajo las nalgas, la esparraguera arañando sus tobillos y más allá los viejos algarrobos y olivos alzándose como un oleaje negro en la colina pedregosa, remontando la falda escalonada del Cottolengo bajo el resplandor verde y azul de la noche.

En medio de la algarabía de los grillos, oyó la voz persuasiva del primo saludando al amigo y pidiéndole un trago de cerveza.

8

El inspector tenía alambres de púa en las corvas en lugar de tendones, pero enfiló animosamente la empinada calle Larrad. Maldito barrio de sube y baja y escóñate, pensó avistando el parque Güell. Dejó atrás farolas ciegas y descabezadas y dobló a la derecha bajando por Rambla Mercedes, un barranco en obras, con aceras escalonadas que lo hacían aún más intransitable. Se oían radios y voces de niños en el laberinto de patios y casuchas miserables. Abajo, en la noche remansada, el inspector olfateó el torrefacto y el fétido olor de las huertas. Brillaban espectrales llamas rojas entre los olivos sombríos de la colina.

En la puerta del bar conversaban dos hombres con boina sentados en cajas de refrescos. Dentro cabía apenas el mostrador forrado de zinc y la vieja detrás lavando vasos en la barrica de agua. Al ver al inspector se quedó parada.

–Qué hay –dijo él.

–Iba a cerrar ahora mismo…

–Por mí no lo hagas. ¿Dónde está Rosita?

Su cabeza rozaba el techo recalentado de uralita que aún trasudaba los ardores del sol.

Ella tardó un poco en responder:

–¿Y usted qué la quiere a la niña?

–¿No te lo ha dicho?

La abuela Maya apoyó los puños mojados al borde del mostrador y lo miró con el rostro duro de cuatro años atrás, la pequeña boca fruncida como un higo seco. Entonces, cuatro años atrás, el inspector sintió en la nuca la húmeda cola del viento al abrirse la puerta y la ronca voz del que entraba delatándose: «¿Limpia, señores?». Lo mismo que ahora, pero mucho más rápido, aquella noche giró sobre los talones y sin darle tiempo a nada lo agarró por el chaleco empujándolo contra la pared. Le advirtieron en comisaría que solía llevar una pistola en la caja del betún, pero no era cierto.

Ahora la puerta seguía abierta y no entró nadie, ni siquiera el viento.

–Te he preguntado dónde está –dijo encarándose de nuevo con la anciana–. Vamos, tengo prisa.

Ella miraba la arpillera colgada en la puerta de la cocina, al final del mostrador. El inspector sabía que esa mirada lastimera no tenía que ver con Rosita: está viendo todavía al limpiabotas reculando y cubriéndose la cara con los brazos, pensó, la nariz manando sangre como un grifo, volcando taburetes y arrastrando la arpillera al caer. El inspector se había lavado los nudillos doloridos en el agua de la barrica.

«No es por el tostadero ilegal, que conste; tú sabes que en eso hacemos la vista gorda», había explicado a la vieja: «Yo no sé quién ha denunciado a tu hijo ni por qué; por algo malo que haría en el pueblo, seguro. Yo sólo cumplo la orden de detenerlo». Ella limpió la cara magullada de su hijo con el borde del delantal.

–Dile a la niña que la estoy esperando –ordenó el inspector–. Pero antes dame un coñac, haz el favor. ¿Qué, cómo va el negocio del torrefacto?

La abuela bajó los ojos, estiró los dedos sarmentosos sobre el zinc y se afirmó en su puesto como si fuera a temblar la tierra. «Ya mismo viene. Estará aseándose un poco, la criatura», dijo sin mover los labios.

Una mano blanca como el yeso apartó bruscamente la arpillera y en el umbral de la cocina apareció un hombre bajito y prieto con una camisa blanca recién mudada, los faldones fuera del pantalón. Se pasaba por el pelo liso y negro un cepillo de dientes untado de brillantina. Volvió a ocultarse en el acto, y sólo entonces, cuando ya no estaba allí, el inspector contrastó la sombría palidez de su cara lavada con sus cabellos charolados. La máscara de carbón lo había confundido toda la tarde; tenía por lo menos treinta y cinco años.

Fue tras él mascullando: «¿Este pimpollo es tu nieto?» cuando la vieja Maya le ofrecía solícita la botella de coñac y la copa más grande. «Tenga, del que a usted le gusta...» Pero ya el inspector cruzaba la cocina y salía al huerto, tropezando con una banqueta.

Oyó pasos apresurados en la sombra y voces detrás del cobertizo, pero no vio a nadie. Avanzó en línea recta llamando a Rosita, hollando los surcos blandos y pútridos, la esponjosa tierra de ceniza. Las flores bizcas de las habas brillaban en la noche como ojos. En el umbral del cobertizo humeaban los rescoldos y las bolsas de café estaban apiladas en el cedazo. La capilla y el capacho de la huérfana seguían en la leñera.

El inspector rodeó el cobertizo y encontró a la niña vistiéndose de pie junto a las tablas carcomidas, la frazada sobre los hombros y el pelo suelto. Ella no lo miró asustada, sino con rabia y desdén.

–Le dije que no viniera. ¡Se lo dije!

–¿Qué mierda haces aquí?

–Iba a lavarme, ¿no lo ve?

El inspector avanzó un paso y recogió del suelo la botella de cerveza negra. Rosita retrocedió arropándose con la frazada. Se acentuó el arrebol en sus mejillas y el centelleo febril en sus ojos negros, aquel tráfago ponzoñoso de crías de alacranes.

–¡No se acerque! ¡No mire!

El inspector permaneció quieto un buen rato. Percibía el vaho corrupto que exhalaba la tierra, la entraña crapulosa de la primavera. Sujetó a Rosita del brazo y la abofeteó.

9

–Ahora vuelve a contármelo desde el principio –ordenó el inspector.

–Le he dicho la verdad, puñeta. ¡Que me muera si no!

Rosita levantó el hocico desafiante y colorado y miró en torno como si buscara una salida. El vagón del metro iba casi vacío. Apoyó la ensordecida cabeza en el cristal de la ventanilla y se abrazó a la capilla, meciéndola con una pérfida parsimonia. Entonces empezó a llorar.

Sentado frente a ella, el inspector seguía esperando una explicación satisfactoria. Ni en el huerto ni después, camino de la estación de Lesseps, a pesar de todas las amenazas, logró sacarle una palabra. Antes de llevársela casi a la fuerza, tirando de su puño rabioso, en la tasca ya cerrada y sofocante interrogó a la Maya. «Mi nieto tiene un trabajo honrado y es cumplidor y justo como su padre», declaró mientras deshacía su moño sentada en una silla: «Pero usted le da miedo». Había sacado un peine del bolsillo del delantal y lo sostuvo un rato por encima del hombro con mano temblorosa;

en silencio, Rosita se situó a su espalda, recibió el peine y comenzó a peinarla despacio. Ninguna de las dos volvió a abrir la boca.

Ahora Rosita lo miraba entre las lágrimas:

–Piense lo que quiera. Pégueme otra vez, ande. Lléveme a la cárcel, o al correccional, a mí qué. Me importa una mierda.

–Luego hablaremos de eso. Con mi cuñada.

–Si le dice a la seño que tengo novio, nunca más le estaré amiga.

–¿Me tomas por imbécil? Hay mucho más que eso.

–¡Nada que a usted le importe!

El paso de un convoy en dirección contraria proyectó una metralla de luz en su cara y el estrépito mecánico ahogó sus sollozos. Luego se quedó mirando la fugitiva oscuridad del túnel a través del cristal, meciendo a la Virgen. El inspector dijo: «¿O prefieres hablar en la comisaría, cuando le eche la mano encima a ese mangante degenerado que dices que es tu primo?».

Rosita no contestó. En Universidad subió un fontanero con un water nuevo a la espalda y la mirada entre perdida y displicente. Lo depositó en el suelo, sacó la petaca de la caja de herramientas y lió un cigarrillo aguantando los bandazos del vagón con las piernas muy separadas; sumido en sus cavilaciones, se sentó en la taza del water y terminó de liar el pitillo sin sobresaltos.

112

–Antes de nada –añadió el inspector– quiero que te expliques delante de la directora.

–¿Explicar qué?

–O te parto el alma, fíjate.

–Ya. ¿Y qué más?

–Eso de que tienes una familia. Boba. ¿Qué cuento es ése?

–¡¿Por qué no había de ser mi gente?! ¡¿Y a usted qué más le da?!

–Y tu novio. Ese mamarracho que podría ser tu padre. ¿Qué edad crees que tiene? ¿Por qué echó a correr?

–Pensó que usted venía por lo del café…

–No lo creo –la miró con fijeza y agregó–: Debería sacarte la verdad a trompadas. Putilla de mierda.

–Ya vale, ¿no?

Se agolparon de nuevo las lágrimas en sus ojos. Apoyó un pie sobre el muslo y se frotó el tobillo. Lanzó una mirada furiosa al inspector mientras con ambas manos, empleando una energía innecesaria, un amasijo de nervios y de miedo, estiraba el calcetín una y otra vez hasta casi romperlo. «Novios, sí. ¿Qué tiene de malo?», gimoteó: «Y sepa que nunca hemos tocado un céntimo de la capilla, sólo lo que es mío, propinas que me saco con la Virgen… El primo y yo juntamos nuestros ahorros. ¿O eso también está prohibido?»

–Siéntate como es debido.

–La directora sabe que tengo una libreta en la Caja de Ahorros –prosiguió Rosita con vehemencia–. Pregúntele.

Sabe que estoy ahorrando para el día que me case... Porque yo un día me las piro, ¿sabe? ¿Qué se creía usted, que iba a quedarme de fregona toda la vida, acarreando la Moreneta de las narices de aquí para allá y aguantando la tabarra esa de las beatas...?

–A mí no tienes que convencerme de nada. –El inspector volvió la cara al cristal y vio a un sujeto que volaba a lo largo del túnel sentado en un water–. Todo eso podrás contárselo al tribunal de menores.

Volvió la cabeza. Hacía rato que el fontanero les miraba con aire abúlico. Rosita apoyó de nuevo la frente en el cristal y miró afuera. En el centro de aquel vértigo negro colgaban racimos de lilas en una pérgola soleada y ella, la niña buena y dulce que fue una vez, se mecía en el columpio con su rebeca de angorina azul erizada de luz. Sacó la lengua diciéndose en el cristal: «Borrica».

El inspector consideró la desvergüenza del tipo sentado en la taza del water; el pitillo sin encender en los labios, la mirada sonsa y los codos en las rodillas. El vagón chirriaba en una curva inacabable y el inspector se levantó, cogió a Rosita de la mano y se dirigió a la puerta. Desde allí se volvió con la expresión hosca. «Levántese, payaso», dijo sin alzar la voz: «¿Dónde cree que está?» El hombre intuyó la autoridad del que le increpaba y se levantó con mansedumbre, ocultando el cigarrillo. Iniciaba una disculpa cuando el inspector le volvió la espalda.

El metro entraba frenando en Urgell. Rosita se soltó para cambiar la capilla de cadera, acercándose más a la puerta, y el inspector se situó detrás. Apoyó suavemente la mano en su hombro y aún captó el aroma del café tostado en sus cabellos. La puerta se abrió y Rosita saltó al andén con el puño enrabiado en la mano del inspector.

Resonaban pasos a la carrera en el cruce de túneles de acceso. En el suelo, un muchacho exhibía sobre hojas de periódico un pie torcido para adentro y con sólo tres dedos; tierno y rosado, como de seda, parecía el pie de un bebé. Rosita vislumbró al pasar la engañosa mansedumbre del tobillo deforme y el mentón duro y atractivo del chico, su boca delgada y serena en la sombra. Rumiando lo que le esperaba esta noche –no frente al muerto, fuera o no su violador, sino luego frente a la directora y el inspector–, no tuvo clara conciencia de salir a la calle y caminar un buen trecho hasta el Clínico; salía de un túnel sombrío para meterse en otro, alternando la visión de mendigos tullidos y gitanas dormitando al pie de los muros con la de camillas vacías y sillas de ruedas que parecían haber sido precipitadamente abandonadas en medio de los desiertos corredores del hospital. El inspector la llevaba de la mano, pero ya no parecía tirar de ella, sino de sí mismo, silencioso y cansado, balanceándose un poco sobre las pesadas piernas.

Se paró ante una sobada puerta gris cuya pintura, como si hubiese sido expuesta a un calor intenso, mostraba ampo-

115

llas, una erupción granulenta. «¿Y si me desmayo?», murmuró Rosita. El inspector empujó la puerta. «No hace falta que le veas muy de cerca», dijo. Sintió el puño de la niña latiendo en su mano como un pájaro. Lo soltó a mitad de camino y siguió solo hacia la camilla, rodeándola hasta situarse del otro lado. El lienzo blanco que cubría el cadáver absorbía la luz de la única bombilla del techo envuelta en un cucurucho de papel de estraza. Los pies hinchados rebasaban la camilla, abriéndose en la tiniebla como granadas. Rosita intuyó la piltrafa, evitó mirarlos. Había otras dos camillas, pero estaban desocupadas. El depósito era pequeño y frío, y, más allá del círculo de sombras, Rosita observó la forma escalonada y geométrica de lo que parecía un anfiteatro. Avanzó un poco más y notó que pisaba una mugre viscosa.

El inspector alzó el borde de la sábana y Rosita miró cabizbaja y ceñuda como si fuera a embestir.

–No es él –dijo inmediatamente.

–Acércate más.

–Que no es. Que no.

–Aún no le has mirado. ¡Acércate, te digo!

Rosita obedeció, abrazando la capilla con fuerza. El intenso olor a amoníaco estimuló sus nervios. Pero el muerto no la impresionó, no avivó en su mente la fogata ni el espanto. Miró de cerca el rostro magullado pero sereno de un hombre joven, bien peinado, con barba rala de tres o cuatro días. La boca inflada y entreabierta, con un frunce en el labio superior que la desfiguraba, dejaba ver una dentadura blanca y prieta, y los párpados de cera, semicerrados, sin pestañas, una mirada vidriosa y azul.

–Que no. Era mucho mayor, y más flaco.

–Está desfigurado. Mírale bien.

El inspector retiró un poco más el lienzo y descubrió los hombros y el pecho lampiño, deprimido. Rosita dio un respingo y apartó bruscamente la cara. El inspector captó el tufillo zorruno de su miedo y dijo: «Sólo tienes que hacer un gesto con la cabeza». Entonces vio, lo mismo que ella, los hematomas en los flancos, las erosiones y las quemaduras. Debajo de la tetilla, dos orificios limpios y simétricos soltaban una agüilla rosada. Los pies eran una pulpa machacada, sin uñas. «Vaya chapuza», pensó. Empezó a discurrir rápidamente. Lanzó a la niña una mirada preventiva:

–Debió caerse desde muy alto –dijo, y volvió a taparlo hasta el cuello.

Ella no sabía adónde mirar. Se puso pálida.

–Déjeme ir. Por favor, déjeme ir…

Y en sus ojos contritos y extraviados, el inspector leyó su propio discurrir. Ninguna caída, ni desde la azotea más alta, podía haber causado este concienzudo descalabro, esta aflicción de la carne.

–Esta mañana no le vi. Te habría evitado esto… –dijo el inspector–. ¿Te sientes mal?

Rosita asintió:

–Me quiero ir, haga el favor.

El estómago le rebrincaba y sentía resbalar las plantas de los pies en las sandalias de goma, que no conseguía despegar de la pringue de las baldosas. Afirmó los brazos en torno a la capilla y aplastó la boca contra ella, inflando los carrillos. «En el pasillo, a la izquierda», se apresuró a indicarle el inspector, y ella logró moverse por fin y echó a correr.

Dejó la puerta abierta y volvió la cabeza creyendo que el inspector la seguía. Pero él no se movió.

Una vez solo, el inspector supo que no volvería a verla. Esperó hasta oír apagarse el chapoteo de las sandalias en el silencio del corredor, y luego apoyó ambas manos al borde de la camilla; tensos los brazos, se inclinó muy despacio sobre el rostro del cadáver como si fuera a mirarse en el agua. Lo mismo da, se dijo. La identidad real del difunto y la que ahora le otorgaba esa niña simplemente con venir a verle, dando así carpetazo a un error de la Brigada, al celo rabioso o a la negligencia de algún funcionario, le tenían por completo sin cuidado. Y lo mismo debía ocurrirle a ella; nada que no pudiera arreglarse con volver la cara y vomitar, siempre y cuando se tuviera estómago para hacerlo… Consideró entonces la falacia ambulante que representaba la huérfana, la añagaza piadosa de su peregrinaje con la capilla, su solitaria ronda al borde del hambre y la prostitución y esta última e involuntaria aportación a la mentira: sólo con mirarle, enviaba a este infeliz al anonimato, enterrado bajo una espesa capa de cal en la pedregosa ladera de Montjuich.

El inspector cubrió la cara del desconocido y la luz ominosa que escupía la sábana cubrió la suya con una lívida máscara de resolución.

Rosita dejó correr el agua del grifo de la pileta y se miró en el espejo. Luego rebuscó en el capacho entre las fiambreras, las hojas de morera y la paloma, y sacó un pañuelo. Lo mojó en el chorro del grifo, lo exprimió y se limpió la cara y el cuello. Tras ella, el vómito rosa había salpicado la pared y la taza del retrete. Se oía un zumbido subterráneo de cámaras frigoríficas y un regurgitar de aguas dentro de las paredes estucadas; detrás del ventanuco, en el oscuro patio interior, caían desde lo alto ecos de toses y de puertas golpeando en estancias cerradas. «Ostras», se dijo, «yo aquí me muero.» Se peinó, recompuso el rodete en la nuca, cargó con el capacho y la Virgen y salió al pasillo. Se paró en la puerta del depósito y vio al inspector con la cabeza gacha, casi de bruces sobre la camilla.

–He arrojado las zanahorias de hace un año, ¿sabe? –bromeó, pero el miedo aún gritaba en sus pupilas–. ¿Puedo irme ya…?

Desde la penumbra más allá del muerto, el inspector la miró con ojos glaucos. Rosita no supo si él la había oído, ni siquiera si la veía, y entonces dio media vuelta y enfiló el pasillo corriendo y no paró hasta salir a la calle.

Caminó deprisa y sintió el relente de la noche ciñendo sus sienes y tobillos con brazaletes de frío. Se orientó hacia los barrios altos escogiendo calles todavía concurridas y se miraba pasar en el cristal de los escaparates, diciéndose: «¡Ondia, Rosi, de la que te has librado!».

Cerca ya de la Casa hurgó en el capacho y encontró una zanahoria; al empuñarla sintió la férrea mano del inspector cerrándose en torno a su muñeca, y volvió la cabeza. En la calle estrecha y desierta las cloacas soltaban un hedor dulce a flores podridas. Rosita tuvo miedo y empezó a silbar, pero de sus labios sólo fluía una seda. Entonces oyó el bastón del sereno tanteando los adoquines con una cadencia familiar y corrió hacia la esquina.

–Le traigo un pichón, señor Benito.

El hombrecillo se paró con la gorra calada hasta las cejas y un pitillo pinzado en la oreja.

–¿De dónde vienes a estas horas, Rosita?

–De un ensayo en Las Ánimas. –Sacó el ave del capacho y le quedaron plumones de seda pegados en la mano–. Está un poco averiado, pero es de confianza, señor Benito.

–No es un pichón –observó el sereno–. Y le falta nada menos que la cabeza, hija. ¿Que no lo ves?

–Estos chicos, que son unos manazas. Le retorcieron demasiado el pescuezo… Pero está sana, mire. Yo no le vendería una cosa mala, señor Benito.

–Ya. ¿Te abro o tienes llave?

–Tengo. Bueno, ¿qué dice?

–No, hija. Así no la quiero. Y yo que tú la tiraría –añadió el sereno disponiéndose a reemprender su ronda–. ¿Quieres que te acompañe?

–No se moleste, gracias –dijo ella con voz deprimida.

Mordió la zanahoria y se fue calle arriba, balanceando la paloma por la punta de un ala. En la siguiente esquina la tiró a la cloaca y se frotó las manos. La paloma entró en el oscuro agujero con las blancas alas desplegadas y flojas, remedando un vuelo raso y precario que ni siquiera la muerte conseguía despojar de cierta decorosa ingravidez, un amago postrero y fugaz de libertad. La última zanahoria no sabía a nada. Rosita entró en el sombrío zaguán de la Casa silbando por oírse silbar, todavía con pelusilla de plumón en los dedos, los calcetines bailando en los tobillos y la Moreneta en la cadera.

Este libro se acabó de imprimir
en el mes de julio de 2000
en los talleres gráficos
de Liberduplex, S.A.,
Constitució, 19,
08014 Barcelona.